La buena nutrición

La buena nutrición

La salud empieza en tu lista de la compra

Victoria Lozada

La información presentada en esta obra es simple material informativo y no pretende servir de diagnóstico, prescripción o tratamiento de cualquier tipo de dolencia. Esta información no sustituye la consulta con un médico, especialista o cualquier otro profesional competente del campo de la salud. El contenido de la obra debe considerarse un complemento a cualquier programa o tratamiento prescrito por un profesional competente de la medicina. Los autores y el editor están exentos de toda responsabilidad sobre daños y perjuicios, pérdidas o riesgos, personales o de cualquier otra índole, que pudieran producirse por el mal uso de la información aquí proporcionada.

Primera edición en esta colección: enero de 2018

© Victoria Lozada, 2018
© de la presente edición: Plataforma Editorial, 2018

Plataforma Editorial
c/ Muntaner, 269, entlo. 1ª – 08021 Barcelona
Tel.: (+34) 93 494 79 99 – Fax: (+34) 93 419 23 14
www.plataformaeditorial.com
info@plataformaeditorial.com

Depósito legal: B. 30.445-2017
ISBN: 978-84-17114-57-2
IBIC: VS

Printed in Spain – Impreso en España

Diseño de portada:
Ariadna Oliver

Realización de cubierta y fotocomposición:
Grafime

El papel que se ha utilizado para imprimir este libro proviene
de explotaciones forestales controladas, donde se respetan
los valores ecológicos, sociales y el desarrollo sostenible del bosque.

Impresión:
Romanyà Valls
Capellades (Barcelona)

Índice

Índice

1.
Bienvenida

No sé qué comer...

Algunas frases son en mi trabajo como mi pan de cada día. Se trata de las frases que motivan que casi todos mis pacientes acudan a mi consulta, pero afirmaciones como: «Es que ya no se puede comer nada», «Deberías usar tal producto para adelgazar» o el clásico: «Bueno, de algo hay que morirse» son en realidad mucho más, porque esas pocas líneas parecen resumir a la perfección el horizonte alimentario de nuestra época. Nuevos estudios, artículos y reportajes se publican cada día provocando nuestra alarma, contradiciendo otros estudios u opiniones que ya conocíamos y, como es lógico, dejándonos preocupados sobre si estaremos comiendo bien de verdad o no.

Por otra parte, en el mercado, en farmacias, en herbolarios e incluso hasta en algunos hospitales quieren vendernos continuamente productos mágicos o milagrosos o nos recomiendan algún alimento de moda que «tenemos» que consumir para estar delgados (como si esa fuera nuestra única meta en la vida), y casi siempre suele sonar demasiado bien para ser verdad… porque no lo es.

También es cierto que, tal vez a pesar o como contrapartida a la aparición de estos nuevos *recursos*, son cada vez más los productos que no «podemos» comer porque nos van a dar cáncer, ocasionarán alguna enfermedad a largo plazo (diabetes, hipertensión, colesterol alto, infartos o vaya usted a saber) o que, simplemente, «engordan» o son «malos».

Así pues, no es solo la ciencia la que nos indica que todo está cambiando y que con cada nuevo avance son menos los alimentos que «podemos» comer, sino que también en nuestro entorno, es decir, allí donde comemos, donde compramos, incluso en donde nos ayudan con nuestra salud, se nos bombardea con este tipo de mensaje restrictivo.

Y es que todo parece resumirse en el clásico: «Aquello que está rico engorda o es malo», y es fácil concluir que para poder tener un cuerpo ideal hay que restringir, cerrar el pico y comer pollo a la plancha para siempre.

Pues bien, os informo alto y claro que esto no es así: **hay vida más allá de contar calorías y comer lechuga todo el día.**

Parece que seguir un estilo de vida saludable resulte una misión imposible, un sufrimiento incluso.

Sin embargo, **es mucho más simple y sencillo de lo que parece**, os lo prometo. Es más: os doy mi palabra de dietista-nutricionista que nunca ha logrado hacer una «dieta» en toda su vida (y que todavía no cree en ellas).

El oscuro pasado de (algunos) nutricionistas

Cuando alguien asiste a la consulta de un dietista-nutricionista tiende a creer que está ante un especialista que siempre ha comido (o come) de manera ejemplar. Desengañaos: os confieso que no es así, o al menos no en mi caso.

La cuestión es que nuestra dieta —también la de los profesionales del sector— no tiene que ser perfecta todo el tiempo. Nada en esta vida lo es, y nuestra alimentación no ha de ser una excepción. No debemos estar todo el día pensando en lo que vamos a comer, en las calorías que tiene tal o cual alimento, que si esto engorda… Sería agotador, poco real e insostenible a largo plazo.

Recurriendo a un ejemplo personal: cuando era pequeña no era capaz de almorzar nada que no fueran patatas fritas con filete de ternera, y si en mi plato no había kétchup, ni siquiera me tomaba la molestia de probarlo. Le di un trabajo bastante considerable a mi madre (¡lo siento, mamá!).

Siguiendo con mis hábitos alimentarios infantiles, mis desayunos usuales consistían en pan con mantequilla, canela y azúcar o una arepa (tortilla de maíz, clásica de la gastronomía venezolana) igualmente con mantequilla. A veces llegaba a casa del cole y merendaba helados, galletas, leche condensada o una especie de Cola Cao con leche y pan dulce.

Y, por si no fuera suficiente, la cena invariablemente contenía algún frito o consistía en cereales con leche. Menos mal que me gustaban los guisantes, alguna que otra fruta y la comida libanesa (que contiene mucha legumbre y verdura), porque no sé qué sería de mí hoy en día. Los alimentos procesados eran, en fin, parte de mi infancia y mi adolescencia.

Cuando llegué a la universidad mi dieta no cambió a mejor. Para cursar estos estudios tuve que mudarme de ciudad y empezar a vivir sola (tendría unos diecisiete años), ya que el centro universitario más cercano, y que consideraba la mejor opción, se ubicaba fuera de mi ciudad natal. Al mudarme me di cuenta de que no tenía ni la más remota idea de cocinar; no sabía hacer arroz blanco, ni siquiera un mísero huevo frito. Tenía que llamar a mi madre constantemente, o consultar Internet para todo y, claro, mi dieta se componía de platos precocinados, *nuggets*, frituras, *pizzas*, comidas fuera de casa, dulces y algún que otro táper que mi madre me mandaba para salvarme la vida (sí, lo sé, no me enorgullezco de nada de esto, pero debo ser sincera).

Mi nivel de desconocimiento alcanzaba incluso al acto de hacer la compra. Realmente, y para ser precisa, ese era el origen de mi desconocimiento. Durante mi infancia y adolescencia casi nunca había acompañado a mi madre a hacer la compra, y ella, por consentirnos a mi hermano y a mí (y facilitarnos la vida, supongo), no nos involucró nunca en esa tarea. **Ahora entiendo que se trata de una parte vital del proceso de tener una buena alimentación**, por lo que os aconsejo que, si tenéis hijos, los hagáis partícipes tanto del hecho de ir a la compra como de la preparación de los alimentos, la elección de las recetas a realizar o la confección del menú semanal. **Además de empezar a inculcar hábitos** saludables desde la niñez, es una bonita forma de compartir con nuestros familiares y tener un vínculo fuerte tanto con nuestra familia como con la alimentación.

En resumen y para no enrollarme demasiado: siempre me ha gustado comer (o al menos lo que entonces yo entendía por comer) y a día de hoy sigo siendo una amante de la buena gastronomía. Como dicen por ahí, con mi cuenta bancaria puedes hacer un diario de comidas, pues se ve sin problema casi todo lo que ingiero.

Por otra parte, en aquella época para mí hacer dieta era sencillamente inaceptable, imposible de conseguir, porque, además, ni siquiera lo «necesitaba», ya que mi peso no demostraba lo mal que comía. En aquellos años podía darme el lujo de comer lo que quería, o eso pensaba yo, porque, en realidad, no «comía lo que quería», y es que en esos años nunca llegué a apreciar de verdad la comida real, es decir:

- Sentarme a disfrutar y saborear algo tranquilamente.
- Investigar de dónde procedía lo que tenía en el plato.
- Nutrirme de manera correcta.

Jamás se me pasó por la cabeza nada de eso hasta que fui comprendiendo lo vital y bonito que es tenerlo en cuenta.

La conversión: la alimentación consciente

Entonces ¿qué fue lo que ocurrió? ¿Qué me hizo cambiar?

A medida que avanzaba y profundizaba en mis estudios comencé a entender que no podía seguir alimentándome a base de industrializados. No solo por mi peso, sino por mi salud. Fui aprendiendo a cocinar poco a poco, probando nuevos alimentos, introduciendo en mi dieta más verduras, incluyendo más fruta en mis comidas… Es decir: comencé a consumir comida de verdad y, como por arte de magia, mi peso bajó sin que tuviera que preocuparme por restringir alimentos, por contar calorías, por engordar… Ni que decir tiene que me sentía mucho mejor.

Pero pasé de no tener ningún interés en mi salud ni en mi peso a **querer controlar todo lo que iba a comer, a pesarme todos los días y a mirar las calorías, grasas y azúcares de literalmente todo lo que se me cruzaba por delante.**

Nunca llegué a dejar de comer, a tener un peso excesivamente bajo ni a desarrollar ningún trastorno alimentario porque creo que mi genética, mi crianza o mis experiencias no me han hecho vulnerable a sufrir una experiencia como esa. Sin embargo, no dudo que, en el caso de alguien más sensible, **estas conductas no habrían tenido un buen final.**

Porque, y en esto he de ser sincera, todo este cambio en mi alimentación, esta «conversión», por llamarla de algún modo, fue realizada de una manera que ahora entiendo que **no era saludable.**

- No buscaba **tener salud.**
- Ni **estar en paz con mi cuerpo o con mi mente.**
- No me motivaba el ánimo de **ser coherente con mis estudios o principios.**
- Ni el **afán de cuidarme y darme lo mejor porque me amo y quiero lo mejor para mí.**

Cuando llegas a determinado peso, lo que te motivó a lograrlo no se aprecia desde fuera. Bajaste de peso y ya está, sin más, pero no se percibe de qué manera llegaste a ese resultado.

La cuestión está, en el fondo, **en ser consciente de qué punto partiste para llegar a ese peso o a la meta en concreto que tenías.**

Es decir, que se trata de llegar a tener ese peso que os comento, ese objetivo, pero:

- porque me estoy cuidando más,
- porque no estoy comiendo chucherías,
- porque quiero sentirme bien con cómo me alimento, y
- porque quiero rendir mejor al hacer ejercicio.

¿Por qué os cuento todo este rollo? Porque si yo, que no soy nadie especial ni con condiciones extraordinarias, he estado más de la mitad de mi vida comiendo de esa manera errónea y he pasado por situaciones en las que el peso primero no era nada y luego lo era todo y, sin embargo, he sido capaz de:

- **apreciar nuevos alimentos,**
- **aprender a cocinar decentemente** (o eso creo yo),
- **gestionar de otra manera mis hábitos** y
- **ser coherente con mi relación con mi cuerpo y mi alimentación,**

no todo está perdido y **tú también puedes hacerlo.** Ya lo sé, no todos somos iguales, eso es cierto, tenemos diferencias genéticas, ambientales y sociales que nos lo ponen más fácil o difícil a unos y a otros, y cada uno de nosotros se enfrentará a distintas limitaciones y obstáculos a lo largo del camino. Sin embargo, os invito a darle una oportunidad a:

- llevar un estilo de vida saludable,
- relacionarnos mejor con nuestros alimentos,
- comer con conciencia,
- conectarnos con nuestra comida,
- saber de dónde viene lo que compramos y
- darnos la libertad de probar nuevos sabores, texturas, etc.

En resumen –y como decimos en mi país–, a *darnos un chance.*

Quiero ayudaros a encontrar una segunda (o tercera o cuarta) oportunidad. Creo que lograré esto mientras os transmito mis conocimientos y os doy consejos básicos y generales sobre nutrición y dietética de la manera más sencilla y fácil posible y en un lenguaje que pueda ser comprendido por todos. De este modo os daréis cuenta de que no es tan difícil como nos lo han hecho creer.

Las dificultades en el camino

Ahora bien, y con sinceridad: el camino no nos lo han allanado, eso es cierto. Ni la industria de la moda, ni la alimentaria, ni otros factores como las redes sociales, los medios de comunicación, las revistas, la publicidad, el *marketing* e incluso ni siquiera algunos profesionales de la salud nos lo han puesto fácil.

¿De qué modo están «boicoteando» nuestros buenos propósitos?

No ofreciéndonos una información correcta o limitando nuestra comprensión en los anuncios y hasta en los mismos paquetes de lo que comemos.

Supongo que os ha pasado: entráis en el supermercado buscando algún producto en concreto y no sabéis ni por dónde empezar a entender qué lleva de verdad cada cosa. Para leer bien un etiquetado hay que hacer un máster, por lo visto.

Y es que nadie nos enseña a hacerlo.

En los colegios (o en su mayoría) no existe una asignatura de «alimentación saludable», no hay talleres de cocina, no se recalca la importancia de ir al nutricionista o al psicólogo (sí, el psicólogo, porque llevar una alimentación saludable sin gozar de paz mental es insoportable, insostenible, estresante y a veces —o casi siempre— no podemos conseguirlo todo nosotros solos).

Si desde peques nos hubieran enseñado lo vital que va a ser relacionarnos bien con nuestra comida a lo largo de nuestra vida, y a nutrirnos de manera correcta, qué distinto sería hoy el mundo. Sin embargo, por ahora no tenemos más alternativa que ser autodidactas y buscar ayuda en aquellos que saben, han estudiado y están preparados para esto.

«Pero, bueno, no hay que ser extremista y preocuparse tanto. Un poco de azúcar alguna vez no mata a nadie, ¿no?» Clásico comentario de alguien que no se ha dado cuenta de lo importante y liberador que resulta llevar una buena nutrición. Lo que ocurre es que nos han inculcado lo contrario. Según la industria y otros grupos interesados, parece que si comemos una napolitana de chocolate para desayunar, galletas de media mañana o merienda, espaguetis con jamón en la comida y un precocinado rápido para cenar, estamos incluyendo «de todo un poco» y no nos va a pasar nada malo, ¿no?

Y yo os pregunto: ¿qué es «de todo un poco»? ¿Qué es la moderación?

Buscando conceptos, me encontré con la definición que de este término ofrece la Real Academia Española, que la define así:

«Cordura, sensatez, templanza en las palabras o acciones».

Me gusta, tiene sentido, pero para mí es una definición muy subjetiva, tanto que no me atrevería a utilizarla en un tema como la nutrición. ¿Por qué? Porque puede que yo considere que tomar un dulce a la semana sea moderación, pero, por otro lado, habrá quien considere que la moderación consiste en un dulce por día, y hay una ligera diferencia, ¿no?

En realidad, esto nos puede suceder casi con cualquier tema, porque se trata de una cuestión de perspectiva y de lo que estemos acostumbrados a ver o a hacer. Sin embargo, en alimentación sería importante definir este aspecto de una manera directa y concluyente, y lo haremos más adelante.

Las cuestiones fundamentales

Dicho todo esto, a partir de aquí pueden surgir centenares de preguntas:

- ¿Por qué la nutrición es tan complicada?
- ¿De verdad es todo lo que me gusta, tal como dicen, malo o engorda?
- ¿Ha avanzado tanto la ciencia en lo relativo a la nutrición?
- ¿Por qué los nutricionistas no se ponen de acuerdo?
- ¿Hay alimentos malos y buenos?
- ¿Qué es realmente saludable para mí?
- ¿Hay una dieta que funcione más que otra?
- ¿Existe el ambiente obesogénico?

Estas, y centenares más, son las cuestiones que suelen surgir en la consulta de un nutricionista y también fuera de ella, porque lo cierto es que cuando alguien descubre que eres dietista, nutricionista o técnico superior en dietética, aunque estés en una fiesta o reunión familiar, la reacción suele consistir en un asalto en forma de preguntas muy similares a las que acabo de exponer.

Con toda la confusión y desinformación que existe, no me extraña. Siempre hay un gurú, un famoso, un futbolista o un doctor recomendando algo diferente al respecto en todos los canales de televisión, en Internet y en revistas. **Aunque al final del día tenemos que comer para sobrevivir y, al mismo tiempo, queremos sentirnos bien y tener salud.**

Si nos paramos a pensarlo, comemos de tres a cinco veces por día, hasta nos relacionamos socialmente mediante un café o una merienda, por lo que saber cómo «hacerlo bien» —o de manera sana— nos ahorrará mucho estrés y preocupación innecesaria a lo largo de nuestra vida.

Pero ¿cómo se hace esto? Ir a la compra, leer un etiquetado, diferenciar entre procesados «buenos» y «malos» o, simplemente, bajar a por el pan puede convertirse en una tarea ardua y complicada. Ya no sabemos qué es apropiado comer, es como si se nos hubiera olvidado cómo hacerlo y tenemos que aprender desde cero.

Pues sí, veámoslo de este modo: como **una segunda oportunidad**, como un bebé que acaba de empezar a probar cosas, para poder apreciar sabores, texturas, colores y sin predisposiciones.

Así pues, mi mayor objetivo en este libro es responder al mayor número posible de preguntas, o al menos a las más comunes, sobre qué significa tener **una alimentación saludable, cómo hacer la compra, qué dietas pueden ser más**

fiables y, en general, **cómo podemos tener una relación positiva y coherente con nuestra alimentación.**

Para no enrollarme más, si quieres:

- aprender sobre nutrición,
- comer bien,
- salir de casa para explorar tu mercado más cercano,
- entender cómo podemos hacer frente a la publicidad engañosa,
- reflexionar sobre qué opciones te convienen más y, simplemente,
- empezar a hacer las paces con tu alimentación,

ESTE ES TU LIBRO.

Con el fin de que todo se entienda mejor, he pensado en contaros una pequeña aventura al final de cada capítulo para que el contenido sea un poco menos teórico y más dinámico. Será como una especie de cierre, pero incluirá también una acción que podáis llevar a cabo.

¿Por qué? Porque soy una pesada y quiero dejaros tarea.

No, es broma. Pero, ahora en serio, sí creo fielmente que **si queremos aprender algo no basta con que nos lo expliquen, sino que deben hacernos partícipes.**

Y, como decía Benjamin Franklin: «Cuéntame y se me olvidará, enséñame y quizá recuerde, involúcrame y aprenderé».

Podéis compartir siempre el resultado de las actividades

mediante el *hashtag* #labuenanutricion o etiquetarme en vuestras publicaciones en la red social que prefiráis. Así, todos los que hayáis leído el libro tendréis la opción de intercambiar opiniones, ideas, recursos y comentarios para que, gracias a ello, todos nos enriquezcamos y podamos formar una comunidad en la que nos ayudemos unos a otros. Y, dicho sea de paso, me hará mucha ilusión saber que estáis haciendo las actividades que he querido compartir con vosotros y, sobre todo, comprobar que de verdad os está siendo de utilidad todo lo que aquí leáis.

Que aprendáis algo nuevo y lo llevéis a la práctica me hará saber que sí lo estoy logrando, aunque solo sea un cambio en vosotros. Y como profesional de la salud y amante de la divulgación, esa es una de las cuestiones más significativas y gratificantes para mí. Quisiera que de verdad encontréis utilidad en mis palabras y consejos, y una manera de hacerlo visible es compartiéndolo. Si aparte de eso podemos encontrar distintas visiones, perspectivas o actividades que los otros lectores hayan llevado a cabo, creo que sería la guinda del pastel.

Pequeñas aclaraciones

Para ir terminando este capítulo y empezar con lo bueno tengo que aclarar algunos aspectos, por si acaso:

Si alguien espera que aquí os explique cuántas calorías comer al día o cómo calcular el requerimiento diario de nutrientes, creo que se va a decepcionar, como igualmente lo hará quien piense encontrarse en estas páginas con una dieta personalizada.

Para cualquiera de estos aspectos debéis acudir a un dietista-nutricionista o a un técnico superior en dietética, que puede incluso dedicar una hora en la primera consulta para poder conoceros bien, saber qué metas y objetivos tenéis, cuáles son vuestros gustos, horarios, resolver dudas personales y mitos, preguntaros si realizáis actividad física o no, incluso si padecéis alguna patología y cómo puede esta interferir en vuestra meta.

Se trata, en definitiva, de un sinnúmero de datos que es imposible personalizar en un libro así de general (o en un correo, o en un comentario de alguna red social), como espero que entendáis.

Si buscáis que vuestro plan de alimentación sea personalizado, individual y os guste para que podáis llevarlo a cabo de verdad, lo mejor es acudir a un dietista, porque a alguien no tiene por qué funcionarle la misma dieta que a su vecina o que a su amiga, ni tampoco ninguna que hayáis visto en cualquier página web.

Es nuestra tarea, la de los *nutris*, dedicar tiempo para que a cada paciente le encante tu pauta, para que pueda llevarla de verdad sin aburrirse o cansarse y se alimente basándose en sus necesidades y metas.

Precisamente por eso este libro no puede simular nuestra función, sería imposible y larguísimo de escribir.

Algo que sí os puedo indicar como adelanto es la definición de **la dieta ideal**:

- Consumir suficiente comida real.
- Incluir verdura y fruta.
- Moverse.

Aunque sepáis estos principios básicos, puede que os cueste elegir o averiguar qué es lo mejor para cada uno de vosotros, porque así lo quieren muchas industrias.

¿Por qué?

Vuelvo a decirlo: porque **les beneficia.**

Pero ¿a quién?

Los enemigos de tu dieta

A muchos grupos o industrias les conviene que no entendamos nada. La lista es casi infinita: cadenas de restaurantes de comida rápida, productores de alimentos industrializados o procesados, personas que promuevan determinadas dietas (o complementos para dieta) e incluso algunas industrias que venden o fabrican drogas o productos para «cuidar» tu figura, entre otros.

Todos ellos intentarán que compréis sus productos de tres maneras:

1. Reduciendo la cantidad de producto que elaboran pero cobrándoos más.
2. Motivándoos a comprar sus productos por encima de los de la competencia (esto lo consiguen mediante la publicidad).

3. Consiguiendo que comáis más cantidad de su producto (esta última opción es la más fácil, porque no requiere gastar dinero en *marketing* o publicidad).

Para lograr estos objetivos, según las investigaciones que hay sobre este tema, actualmente se están usando las siguientes técnicas:

- **Conveniencia:** si una comida es más fácil de comprar, la vas a comer con más frecuencia.
- **Omnipresencia:** mientras ese producto esté en más lugares, lo vas a comer con más frecuencia.
- **Proximidad:** si un producto está cerca de ti, lo vas a buscar antes que otros que no estén tan cercanos.
- **Frecuencia:** cuantas más veces por día comas, más cantidad de comida consumirás.
- **Variedad:** cuanta más variedad exista, más cantidad vas a comer.
- **Porciones más grandes:** cuanta más cantidad de comida tengas ante ti, más vas a comer.
- **Precios bajos:** está claro, si hay comida barata, comerás más.

Por supuesto que los precios bajos, la variedad o la conveniencia no son, en sí, conceptos nocivos, malos ni denostables. Al contrario, más bien nos ayudan. Sin embargo, todos los que acabo de enumerar son métodos que se usan para que tengamos más ganas de consumir, y sin duda lo están logrando. Somos humanos, no nos damos cuenta de esta presión y, por supuesto, tenemos que comer para existir, por lo que es fácil concluir que si nos lo ponen más fácil, mucho mejor, ¿no?

Pues no, porque:

- si no tenemos claro **cuándo tenemos hambre o cuándo estamos satisfechos de verdad** y dejamos que alguien más nos lo diga,
- si no **estamos en conexión con nuestras decisiones alimentarias** y **nuestras metas,**
- si **comemos de manera automática,**
- si **no estamos bien nutridos** y
- si no compramos en **lugares que sean coherentes con nuestros principios,**

entonces es muy fácil que la industria **nos siga manipulando** con sus métodos.

Mis objetivos

Lo que quiero lograr con este libro es que:

- seamos capaces de percibir si esto está ocurriendo,
- sepamos informarnos,
- busquemos cómo solucionar este problema (dentro de nuestro ambiente) y

- seamos conscientes de cómo, dónde y qué estamos consumiendo.

De esta manera podremos decidir por nosotros mismos si aceptar, ignorar o rechazar este tipo de métodos que están siendo utilizados para que compremos y consumamos más comida.

Lo que espero es que, cuando terminéis de leer este libro, podáis salir de un supermercado sabiendo **qué acabáis de comprar, si valió la pena o no** comprarlo y si, cuando vayáis a comerlo, de verdad **os apetecía hacerlo.**

Sin nada más que añadir, y con las cuentas claras, espero que disfrutéis de esta obra tanto como lo hice yo mientras la escribía. Me gustaría que vierais la nutrición de una manera distinta, más allá de las calorías y un número en la báscula; que os sintáis capaces y empoderados a la hora de hacer la compra; que seáis capaces de enfrentaros a la publicidad engañosa y que dudéis de toda la información extraña que os pueda llegar.

Si a lo largo del libro consideráis que hemos cumplido con todo esto, o al menos con una gran parte de estas ideas o sugerencias, creo que mi trabajo está hecho y, sobre todo, me da la impresión de que vosotros seréis personas distintas, con un enfoque diferente de la nutrición, capacitadas para hacer cosas que antes no imaginabais y con la habilidad de pensar distinto a como lo hacíais antes de empezar a leerme.

Ya lo sabéis, estaré atenta para revisar menciones, comentarios e inquietudes. Os invito también a utilizar la creatividad: de la imaginación y el ingenio salen recetas, preparaciones, interacciones, relaciones y conexiones interesantes, tanto con los demás como con los alimentos, con nuestro ambiente y, sobre todas las cosas, con nosotros mismos.

En nuestras manos está el cambio. Todos los días decidimos qué comer, dónde comprar, qué marcas o lugares apoyar y cuáles no.

Aprovechemos el poder que nos dan todas nuestras elecciones alimentarias, no lo desperdiciemos. Cuando compramos o dejamos de comprar algo le decimos a la industria qué nos gusta y qué no. El trabajo de hormiguita se nota, cada consumo cuenta; de lo contrario, no estarían las empresas tan enfocadas en invertir en publicidad.

Vale, ya dejo el mareo. Preparaos para empezar este camino y descubrir qué bonita y fácil puede llegar a ser la alimentación saludable cuando la aplicamos de manera consciente, con conocimiento y con pasión.

2.
Algunos conceptos básicos

Un poco (muy poquito) de teoría

Para empezar, quisiera daros perspectiva, explicaros un poco mis puntos de vista, que se entienda mejor mi intención y criterio al escribir este libro. Por eso comenzaremos con conceptos, términos y escenarios básicos que se os van a presentar en la vida (específicamente en una vida saludable) de manera general. Se trata de un aporte de teoría (pero nada demasiado lioso, lo prometo) que considero necesario para pasar a la práctica más adelante.

Gracias a estos párrafos vais a poder entender mejor lo que os quiero explicar a lo largo de todo este camino que vamos a recorrer (leer) juntos. Incluso os será de utilidad cuando os topéis con algún artículo, reportaje, publicación o estudio en temas de nutrición o alimentación o para entender un etiquetado que antes no habíais podido descifrar. La información es poder, y mi meta es hacer más poderosas a la mayor cantidad de personas posibles.

Como profesional, me frustra el hecho de que mis pacientes, conocidos y hasta extraños en la calle (sí, soy una cotilla y me pongo a escuchar cuando alguien habla de nutrición a ver qué está diciendo…; os avanzo que muchas veces deseo llorar) no os sintáis capaces de comer de manera saludable, de que me digáis que no entendéis nada, de que os sintáis confundidos, de que no sepáis qué dieta seguir, de que me confeséis que habéis probado todos los regímenes y ninguno os sirve, de que os quejéis exclamando que cómo se pueden leer los ingredientes sin sentir que estáis aprendiendo otro idioma, de que os sintáis confundidos entre tanto mito sobre si comer tal cosa engorda, si a tal hora es peor, de que si es «malo» comer algo en concreto…

Empecemos fuerte entonces, manos a la obra, hablemos de las calorías de una vez y así nos sacamos este tema de encima.

A vueltas con las calorías

Todos los días (de hecho, varias veces al día) me preguntan qué calorías comer o cuántas aporta tal alimento en concreto, y a veces (casi siempre) no se entiende bien ni qué representan las calorías. Para haceros el cuento corto: **una caloría es la cantidad de energía que puede aportar una comida o bebida.** Es como una unidad que se usa para medir cuánta energía nos proporciona cada producto. En vez de medir algo en metros, litros o vatios, en los alimentos se mide de esta manera. En los etiquetados las calorías suelen aparecer abreviadas como «kcal».

No voy a entrar al detalle de cuántas calorías al día necesita una mujer o un hombre, porque este libro no es para eso. Además, me he encontrado con que las utilizo cada vez menos con mis pacientes. Incluso algunos estudios dicen que una caloría no es en verdad una caloría, e incluso se ha visto que hay algunos alimentos que pueden aportar calorías negativas.

¿Qué es eso de «calorías negativas»? Os explico: en varios estudios se ha observado que un apio aporta 16 calorías y que para ser digerido se utilizan 14. Es decir, en teoría solo nos estará aportando 2 calorías en total, porque el resto se utilizó para poder digerirlo o absorber bien todos sus nutrientes. Hay otro estudio que señala que al acompañar pasta con ensalada, por ejemplo, las calorías disminuyen, porque la ensalada sacia más, y se reducen así el número de calorías totales consumidas.

Otros ejemplos son los de estudios donde se vio que comer 330 calorías de dátiles al día no repercutía en un aumento de peso; asimismo, tomar 240 calorías de crema de cacahuete o frutos secos enteros, tampoco. El motivo es que, como estos alimentos son altos en fibra, consiguen que queramos comer menos de otras comidas: nos sentimos más saciados y tenemos una mejor gestión del apetito.

Cuando comemos alimentos de verdad y de calidad, **ver las calorías como único medidor es inútil**. Sobre todo porque los frutos secos y los dátiles, por ejemplo, se tienen como alimentos prohibidos y resulta que, aunque sean «altos en calorías», nos sacian más, no «engordan» por sí solos y más bien pueden ayudarnos a perder peso.

Es decir, que un dátil, una fruta o un fruto seco pueden contener x cantidad de «azúcar», pero, al ir esta cantidad acompañada de fibra, vitaminas y minerales, ya que se trata de un azúcar natural o propio del alimento, lo que se consigue es que el impacto no sea elevado y que, además, quedemos saciados durante más tiempo. Ojo: no podemos comparar, por supuesto, este tipo de azúcares con el azúcar de un bollo o de un caramelo.

Esto se debe a que el azúcar naturalmente contenido dentro de los alimentos no es considerado por la Organización Mundial de la Salud (OMS) como azúcar «dañino» para la salud, como sí lo es el azúcar añadido o el popular azúcar blanco. En sus recomendaciones, la OMS incluso aconseja limitar el consumo de azúcar a un máximo del 10 % de las calorías del día, pero no considera dentro de estas al azúcar de la fruta o de los lácteos, porque no son ni parecidos.

Entonces, eso de que la fruta engorda o de que los frutos secos son supercalóricos, ¿es mentira? En resumen, sí. Para ejemplificar esto hagamos un ejercicio:

Tenemos dos tipos de dietas. Las dos serán dietas hipocalóricas (bajas en calorías), pero una será solamente de galletas y la otra será solamente de pechuga de pollo a la plancha. Sí, las dos dietas son bajas y tienen como finalidad la pérdida de peso: usemos para ello un número redondo: 1.000 calorías. Ninguna de las dos dietas es saludable porque se restringen a un solo tipo de alimento y, además, si vemos cuánta comida ingerimos en realidad, sería una miseria. Mil calorías equivaldrían a 19 galletas más o menos, dependiendo de la marca, y en cuanto a la pechuga de pollo, vendrían a ser 727 gramos aproximadamente, es decir, como 6 o 7 filetes medianos de pollo.

Si no me creéis, haced la prueba. Es broma, no lo hagáis, tiene que ser horrible. Y, por otra parte, ya lo ha hecho alguien por nosotros, pues existen casos de personas (algunas estudiadas, otras no) que se han dedicado a comer un solo alimento durante un tiempo determinado. Podéis buscar, por ejemplo, el caso de Andrew Melbourne, de Australia. Tenía obesidad, y perdió 55 kilos comiendo solamente patatas durante 313 días. ¡Todo ese tiempo comiendo única y exclusivamente ese alimento! Y eso que dicen que la patata engorda y tiene muchas calorías... No fue un milagro, ni tampoco su metabolismo, sino pura ciencia, y gracias a experimentos como el suyo, entre muchos otros, se ha comprobado que no debemos fijarnos tanto en las calorías. Es un concepto demasiado de los años ochenta y noventa del siglo xx, debemos avanzar y no quedarnos ahí, o al menos no fijarnos en ellas como único recurso.

Para concluir: sí, es probable que todas esas dietas repercutan en un adelgazamiento, incluso aunque estemos comiendo galletas, filetes de pollo o patatas todo el día. Sin embargo, son galletas, son patatas, y se supone que engordan, ¿no? Negativo. **Ningún alimento engorda de manera aislada** porque, independientemente de que un alimento sea muy graso, muy azucarado o muy calórico, él solo como tal no impactará en nuestro peso. Si no, estos experimentos no se podrían haber dado y el hombre come-patatas estaría igual (o peor) dentro de la obesidad que tenía antes de empezar ese experimento.

El impacto en nuestro peso se produce entonces cuando hacemos o dejamos de hacer ciertas cosas durante el día, la semana, el mes o todo el año. Depende del **total de alimento que comamos en general, de la calidad de ese alimento, de la actividad física que realicemos, de cuál sea nuestro gasto de energía diaria total, de cuánta saciedad tengamos día a día** e incluso podrá verse afectado por **alguna patología** en concreto, genética o del metabolismo, por ejemplo.

Las dietas y la salud

Ahora bien, y volviendo al experimento de las galletas y el pollo, ¿son este tipo de dietas saludables? Ni de broma. No solo estaremos aportando a nuestro cuerpo un bajo requerimiento diario de energía, sino que pasaremos hambre, no obtendremos suficiente variedad de nutrientes, perderemos músculo y estaremos de mal humor. Y es que realmente **no existe como tal ni un solo alimento que por sí solo pueda representar una alimentación saludable.** Es decir, una dieta completa no puede contar con un único grupo de alimentos, será deficiente en nutrientes. No lo digo yo, lo explica la ciencia.

Existen **macronutrientes** (proteínas, hidratos y grasas) y **micronutrientes** (vitaminas y minerales), pero centrarnos en un solo grupo sería errado. Lo ideal, como se ha comprobado hasta ahora, es incluir todos los grupos de alimentos en nuestra alimentación para que podamos gozar de salud y seamos capaces de cubrir nuestras necesidades básicas.

Si nos enfocamos solamente en la cantidad de comida, en las calorías, en la densidad energética, estaremos dejando fuera todos estos otros recursos o factores que van a influenciar en nuestra meta y en nuestra salud.

¿Qué quiero haceros entender con estos ejemplos? Que cuando en un producto se señalan las calorías, no son necesariamente esas las calorías que estamos absorbiendo de verdad, como tampoco son lo único que nos aporta ese alimento. Entonces ¿para qué darnos mala vida por un elemento, o una unidad, que ni siquiera se sabe medir con exactitud, que puede cambiar de persona a persona, que puede ser diferente dependiendo de con qué otras comidas se acompañe y que es solamente un valor aproximado?

¿Por qué mejor no nos enfocamos en comer **alimentos de verdad**? Alimentos **que nos llenen, que nos dejen satisfechos**, para que así podamos comer suficiente y no tengamos que pasar hambre, no tengamos que andar pesando todo el día en número y equivalencias y no estemos de mal humor y queriendo saltarnos cualquier dieta que estemos haciendo. Se trata de disfrutar de la comida y que esta nos haga rendir bien, estando sanos, teniendo un peso saludable y sin vivir en una constante dieta de por vida, sin disfrutar de verdad de la comida cuando nos apetece.

Una comida baja en calorías y una dieta donde se consuma menos cantidad de alimento no es la mejor recomendación, como ya os dais cuenta: la restricción no es necesaria. Las comidas que son bajas en densidad de energía (es decir, que tienen pocas calorías), como por ejemplo los vegetales, en cantidades grandes pueden hacer que nos saciemos más y comamos menos de otros alimentos que sí que tienen más calorías o más aporte energético. Es decir, comemos más y nos aportan menos.

Unos buenos amigos: los alimentos con baja densidad calórica

Algunos ejemplos de comidas de densidad baja serían la **verdura**, los **tubérculos**, las **legumbres** y la **fruta**. Si escogemos alimentos bajos en densidad calórica, probablemente podamos comer más cantidad durante el día y bajar de peso en el camino. Se ha visto que introducir un par de frutas extra en la dieta diaria de una persona no solo no afecta al peso de manera negativa, sino que puede ayudar a que disminuya. Esto se explica porque, como vimos antes, ningún alimento como tal engorda de manera aislada, y no, **tampoco influye la hora en que las comamos,** olvídense de ese mito.

Para poner un ejemplo fácil de entender: podemos comparar cien gramos de brócoli frente a cien gramos de pan. Por supuesto, a nivel de macronutrientes no son lo mismo, pero cien gramos de brócoli van a ser una cantidad bastante más grande, en comparación, que los cien gramos de pan. De esta manera comeremos más cantidad de comida, y esta nos saciará más, nos aportará más nutrientes por cada gramo y nos permitirá, además, poder bajar de peso sin tener que eliminar o restringir cantidades o alimentos.

En general, todos los estudios serios y rigurosos, con grupos significativos de análisis, indican que **al ingerir alimentos bajos en densidad calórica o energética se pueden comer cantidades más grandes de comida** que ingiriendo alimentos más densos en calorías (como ocurría en el ejemplo del brócoli y el pan). Y esto sin ganar peso, claro, más bien logrando perderlo o mantenerlo mientras comemos más cantidad de comida saludable.

Aparte de la sensación física y de saciedad que puede darnos comer un alimento denso en nutrientes, o ya el simple hecho de mantener una alimentación saludable como hábito, tenemos que pensar en nosotros mismos como un todo.

Los componentes emocionales y sociales de la dieta

Según mi criterio y experiencia, **no solo deberíamos centrarnos en la parte física, sino también en la emocional y en la social.** Lo que pensamos, lo que sentimos, lo que nos estresa, dónde y cómo nos movemos, de dónde venimos…, todos esos aspectos van a tener mucho que ver, incluso demasiado, con nuestra relación con la comida.

Nuestra mente y nuestro ambiente pueden tener muchísima relación con nuestras decisiones alimentarias del día a día.

Muchas veces decidimos ignorar nuestras sensaciones de saciedad, nuestro apetito, nuestras emociones, cuando vamos a comer. Sin embargo, creo fielmente en que todos estos factores juntos, no por separado, van a hacer que podamos o no seguir un plan de alimentación saludable.

Cuando alguien come muy poca cantidad de comida con el fin de perder peso, y con este acto se restringe de cosas que le gustan, pasa hambre, no come suficiente cantidad de alimento como para tener energía y rendir bien, ignora su apetito, ignora sus sensaciones de saciedad y, como consecuencia, tendrá peor humor, se sentirá más estresado, sufrirá más ansiedad, no sabrá cuánto comer...; y si esta restricción dura un tiempo prolongado, entonces tendrá más probabilidades de padecer depresión, ansiedad, efecto rebote, pérdida de masa muscular, estrés, algún desarreglo hormonal o metabólico y, por supuesto, también estará en riesgo de desarrollar un trastorno de la conducta alimentaria.

Hay un famoso estudio titulado «Estudio de inanición de Minesota» que me resulta muy útil a la hora de demostrar este tipo de efecto en el ser humano. Para realizarlo se escogieron a 36 soldados y se los sometió a restricción alimentaria del 50 % de lo que comían durante seis meses (es decir, que en ese tiempo los soldados comieron la mitad de lo que usualmente comían en su rutina habitual). No podéis imaginar los resultados: se vieron afectados en el área psicológica, con constante preocupación por la comida (hasta soñaban con ella), hasta el punto de que algunos incluso buscaban comida en la basura y otros tuvieron directamente que ser atendidos por el servicio de psiquiatría.

Además de todo eso, también se observó que los participantes caían en atracones (un atracón es el consumo rápido y excesivo de comida durante un período corto de tiempo, usualmente de manera compulsiva), ansiedad, cambios de humor, irritabilidad y aislamiento, entre otros efectos. ¿Por qué os cuento esto? Porque si hacemos dietas hipocalóricas, restrictivas, en las que se eliminan grupos de alimentos, no terminaremos en un estado muy distinto al de los soldados, de hecho, es muy probable que nos sucedan cosas de este estilo y que, por ende, acabemos dejando esa y todas las siguientes dietas de moda que nos propongamos. Es frustrante, pero creo que ya se va entendiendo por qué este tipo de abordajes no funcionan.

No solamente volvemos a comer como antes de que empezáramos la dieta en cuestión, sino que queremos comer más comida debido a la restricción en la que estuvimos, y este deseo suele atacarnos de manera compulsiva, por lo que se ve afectada no solo nuestra salud física, sino también la mental. **Sentimos que no servimos para comer saludable cuando no es cierto en absoluto. No servimos para estar en restricción perenne,** ni nosotros ni nadie.

Dietas y círculos viciosos

Este tipo de regímenes tan restrictivos nos hacen caer en el clásico círculo vicioso: comenzamos la dieta, vemos resultados rápidos y efectivos, nos motivamos y sentimos que tenemos muchísima fuerza de voluntad y disciplina, lo llevamos por un tiempo pero poco a poco nos vamos cansando, aburriendo y obstinando, lo vamos dejando paulatinamente porque no es sostenible ni compatible con nuestra vida social, empezamos a comer como hacíamos normalmente o de manera ansiosa por la restricción, recuperamos el peso que teníamos (o más), pensamos que llevar una dieta saludable no es para nosotros, nos frustramos, sentimos culpa, comemos incluso peor... Y empezamos otra vez.

Un esquema de este círculo vicioso sería el siguiente:

5. Me como toda mi despensa

1. Quiero bajar de peso

2. Empiezo una dieta restrictiva

3. Tengo hambre, pero aguanto

4. No puedo más

Se trata de una dinámica agotadora e insostenible que, además, nos crea falsas expectativas sobre nuestra fuerza de voluntad. Un tema que ahora vamos a tratar en profundidad.

La fuerza de voluntad, ese mito

Existen muchas frases motivadoras, libros de autoayuda y personas que hablan incansablemente sobre ella y sobre lo importante que es ejercitarla como si fuera un músculo más. Y, sin embargo, yo, particularmente, creo que la fuerza de voluntad no existe. Sí, no existe, y si has fracasado en las dietas que has seguido, no tiene nada que ver con tu fuerza de voluntad, porque ese no es el problema.

Os pongo, nuevamente, un ejemplo que leí en un artículo que me gustó mucho para que se entienda mejor (y para que, de paso, se vea que no estoy tan loca al desafiar todo lo que has creído durante este tiempo). En *La Odisea*, el poema de Homero, hay un pasaje en el que Odiseo/Ulises viaja a bordo de un barco que está a punto de atravesar unas aguas llenas de sirenas. Las sirenas tenían una obligación o misión que cumplir: si algún hombre era capaz de oír su canto sin sentirse atraído por ellas, alguna tenía morir.

Ulises, sabiendo esto, ordenó que todos los marineros del barco donde iba se tapasen los oídos con cera para no escuchar el canto. Mientras tanto, él mismo se ató al mástil del barco, pero con los oídos descubiertos, sin cera. Les ordenó que viesen lo que viesen, y dijera lo que dijera, no lo desataran bajo ningún pretexto.

Cuando pasaron por la zona en donde las sirenas comenzaban con sus cantos ninguno de los marineros sufrió daño, ya que no escucharon nada. Sin embargo, Ulises, hechizado, suplicó y rogó que lo soltaran, pero los marineros no le hicieron caso, como él ordenó, y pudo escuchar la música sin lanzarse al mar o sin sufrir efectos colaterales.

Hay un escritor del *Huffington Post* que denomina a esto «el protocolo de Odiseo»[1]: consiste en acomodar tu ambiente y tu estilo de vida para que el resultado que quieres obtener no tenga que verse afectado por «la fuerza de voluntad». Él afirma que hay un principio universal válido para aprovechar nuestro potencial: dejar que las circunstancias fluyan espontáneamente cuando las condiciones son las correctas. En vez de contar con la fuerza de voluntad, nosotros mismos somos los que creamos las condiciones por adelantado.

No tenemos que ser perfectos todo el tiempo, hacerlo todo genial siempre, siendo seres de luz y de pura energía positiva y vitalidad.

Al contrario, tenemos que **reconocer que no podemos ser perfectos**, que la perfección no existe, y al reconocer esto lo más importante es que **no nos autosaboteemos**.

Hemos de:

- **entender nuestras fortalezas,**
- **determinar en qué momento va a ser posible que sigamos una determinada pauta alimentaria** (no todas las épocas son buenas, hay que saber comprender esto) y

---

1. Binazir, Ali (2009). «Willpower Doesn't Exist: The New Way to Get Stuff Done», *The Huffington Post, The Blog*. [Disponible en: <https://www.huffingtonpost.com/dr-ali-binazir/willpower-doesnt-th_b_184939.html>.]

- **aprovechar al máximo nuestro potencial cuando sea el momento.**

Es decir, tenemos que aprender a ser un Odiseo que supo sacar partido a su inteligencia.

En el ámbito de seguir una dieta o de llevar una alimentación saludable, podemos aplicar el relato de Odiseo en varios aspectos. Por ejemplo, si sabemos que las galletas de chocolate con chispitas de colores son lo que más nos gusta en este mundo, pero no son saludables, no nos benefician, no aportan nada a nuestra salud, la solución es no comprarlas, porque si las tenemos en casa acabaremos comiéndonoslas.

Cuando nos apetezcan de verdad, genuinamente, saldremos a comprarlas, nos las comeremos, las disfrutaremos y pasaremos la página, pero no «llevemos el enemigo a casa». Es decir, planeemos, preveamos, y todo será muchísimo más fácil de llevar a cabo que si contamos con que únicamente «nos vamos a comer una solita» a pesar de tener un paquete completo con nuestro nombre en la despensa de nuestra cocina.

Y lo mismo ocurre con la hora de la comida, con las meriendas, con las cenas o con cualquier momento en el que sintamos hambre: si llega la hora del almuerzo, de la merienda o de la cena y no tenemos ni la menor idea de qué preparar, no hemos efectuado la compra, no sabemos ni qué hay en la despensa…, ¿cómo podemos pretender comer de forma saludable? ¿Va a salir de la nevera un cultivo de garbanzos por obra y magia del Espíritu Santo? No lo creo, lo que va a quedar como única opción será el bar de abajo, las galletas de chocolate con chispitas de colores, un menú de comida a domicilio y un hambre mortal que se va a saciar con cualquier cosa que se cruce por delante. Es por esto que guerra avisada no mata soldado. Las sirenas son las galletas, y nosotros somos Odiseo.

En conclusión, la llamada fuerza de voluntad que consiste en ignorar el hambre, ignorar el apetito y tratar de restringir NO FUNCIONA. Si así fuera, y de esto dependiera todo, no existirían ni el sobrepeso ni la obesidad ni las enfermedades crónicas y nadie fumaría ni bebería alcohol.

Ya que sabemos que la fuerza de voluntad no debería ser un factor más del cual preocuparnos, podemos entender mejor qué ocurre cuando nos sometemos a una dieta restrictiva.

Los efectos de una dieta restrictiva

• **A nivel celular y físico en general** no funcionamos bien. No tendremos suficiente energía ni nutrientes para poder manejar nuestro cuerpo de forma efectiva, por lo que estaremos en constante búsqueda de nuevo «combustible» para poder existir y rendir de manera correcta. **El hambre no es más que un mecanismo biológico de supervivencia que tiene el ser humano, producido por el cerebro, el sistema nervioso y las células en general para satisfacer las necesidades corporales.** ¿Cómo vamos a ignorarlo? ¿Cómo pretendemos seguir un plan sostenible de adelgazamiento si vivimos en déficit calórico? Con el hambre nos va a ocurrir lo mismo que sucede cuando sumergimos un cubo de playa dentro del agua. Se queda abajo siempre y cuando hagamos presión, pero en cuanto lo soltemos...

En una dieta restrictiva usualmente se pierde mucho líquido y masa muscular, por eso al principio la pérdida de peso es rápida, pero el peso se recupera con tanta facilidad como se perdió a causa del **daño que ocasionamos a nuestro metabolismo** después de una pérdida de peso tan brusca. Sobre todo, porque lo que hemos perdido no ha sido sino otras sustancias o tejidos que componen el peso (músculo, líquidos...). Como vivimos obsesionados con este número, a veces se nos nubla la vista con nuestra composición corporal, nos comemos la poca masa muscular que teníamos y en ocasiones incluso acabamos con un porcentaje de grasa mayor que cuando empezamos.

- **A nivel hormonal** algunos estudios recientes demuestran que después de una pérdida de peso o de una restricción calórica elevada o prolongada **algunas hormonas que controlan el apetito se ven alteradas**. Se encontró que estas provocan que tengamos mayor apetito después de que haya habido una restricción. Además, se llegó a la conclusión de que los déficits calóricos de larga duración incrementan la frecuencia y la fuerza de los antojos y la necesidad de obtener recompensas con comida, así como incluso aumentan las sensaciones sensoriales (es decir, que os apetezca probar más comidas nuevas), algo que también ocurre con mucha frecuencia cuando las mujeres tenemos la menstruación.

La restricción calórica (que luego también afecta al porcentaje de grasa) tendrá así mismo un **impacto en las hormonas sexuales**, lo que puede provocar que el ciclo menstrual se pueda ver también afectado. Y os estoy haciendo un resumen para que se entienda bien, porque lo cierto es que este tema podría dar para otro libro.

- **A nivel mental o emocional** (algo que igualmente tiene mucho que ver con todos los demás puntos; recordad: somos un todo), en ciertos estudios se analizaron varios escáneres cerebrales de personas que pasaron por períodos de restricción y en todos se encontró lo mismo: **el centro de recompensas se activa y el «autocontrol» disminuye.**

  El cerebro funciona de manera primitiva: quiere y necesita nutrientes. Cuanta más variedad vea en nuestro plato, más le va a apetecer comer. Por ende, cuando las cantidades y la variedad disminuyen mucho, el cerebro necesita de colores, atractivo, diversidad, y buscará todo eso en alimentos que, además, le aporten más energía, es decir: azúcar, grasas saturadas, hidratos... presentados en bollos, chocolates, chucherías y unas de las grandes enemigas de nuestro peso: las patatas fritas.

  Y todo esto se suma a las evidencias que acabamos de ver respecto a la parte emocional y psicológica que nos descubrió el ya citado estudio de Minesota. Es verdad que se ha comprobado que un déficit calórico puede promover una mejor función cognitiva, pero esto ocurre cuando se hace de manera responsable, con controles de salud, no para perder peso y llegar a un determinado IMC (índice de masa corporal) o peso «ideal».

De quién es la culpa

Después de todo lo que acabo de contaros, pensaréis: ¿por qué la insistencia con estos datos superteóricos y aburridos? Porque:

- NO es vuestra culpa tener hambre.
- NO es vuestra culpa sentir la necesidad de comer algo apetitoso.
- NO es vuestra culpa «no poder» hacer dieta.

La culpa es **biológica y psicológica**.

- NO es sostenible vivir siempre a dieta, vivir a régimen.

Una pauta dietética enfocada solo en las calorías, como vimos antes, probablemente resulte efectiva al principio, pero si no tomamos en cuenta estos otros factores es muy probable que jamás logremos que esa dieta sea coherente con nosotros, que realmente nos sintamos bien siguiéndola y, claro, que podamos mantenerla a largo plazo. Es decir, que al llevar una dieta hipocalórica durante períodos de tiempo inhumanos no podremos conseguir una relación positiva con lo que tenemos en el plato ni sentirnos cómodos y que nos guste lo que comemos y que no se produzcan en nuestro cuerpo o nuestra mente efectos contradictorios y, sobre todo, seguro que no podremos mantenerla por mucho tiempo.

La información que te dan las etiquetas

Aunque me haya desviado un poco, creo que todas estas explicaciones pueden serviros para comprender que el contenido calórico de los alimentos y bebidas puede ayudar a veces, sí, pero, sinceramente, al mirar un etiquetado, el número de calorías es lo último que yo, como dietista-nutricionista, revisaría. En el etiquetado aparecerá el término «Energía», y eso se refiere a cuántas calorías tiene ese alimento en concreto, aunque también reflejará el número de calorías en «una porción». Pero, claro, la idea que tiene el fabricante de lo que significa «una porción» puede no ser la misma que la nuestra, por lo que en este sentido nuestra interpretación y, como consecuencia, nuestra alimentación tenderá a ser muy intuitiva y, por tanto, poco fiable en cuanto a cantidades y medidas.

Lo principal para evitar esta imprecisión será comprar **productos que no requieran de etiquetados** (como frutas, verduras y legumbres).

No obstante, cuando nos veamos en la necesidad de comprar algo empaquetado, es mejor buscar que no haya **azúcar añadido, grasas de mala calidad, exceso de sal/sodio y, por supuesto, no fijarnos solo en las calorías. Un alimento es mucho más que el número de calorías, y creo que con los ejemplos que os he dado ha quedado más que claro.

Para qué sirve un nutricionista

Siempre es recomendable acudir a un profesional para que nos ayude a saber qué requerimientos o necesidades nutricionales tenemos. Los dietistas-nutricionistas somos profesionales sanitarios con titulación universitaria que hemos estudiado al menos cuatro o cinco años de carrera, e incluso más por especialización, para poder ayudaros (es decir, un curso de tres meses no vale para guiar a alguien con su alimentación, tenedlo en cuenta y sed exigentes, no pongáis la salud en manos de cualquiera).

Los nutricionistas tenemos capacidad para intervenir en la alimentación de una persona teniendo en cuenta las necesidades y las preferencias personales, socioeconómicas, religiosas y culturales que tengáis como paciente. Es decir, una dieta de cajón NO sirve para esto. Tenemos que pasar un tiempo evaluando el caso, entendiendo qué necesita cada quien y cómo será el abordaje. Si algún profesional que os atiende no cumple con alguna de estas características, mi consejo sería que busquéis otro. Si alguien os juzga por querer llevar una alimentación vegetariana o paleo, si un profesional os dice que necesitáis perder más peso del que realmente vosotros creéis que debéis perder, si utiliza métodos extraños para la pérdida de peso, si no considera vuestros gustos o estilo de vida, no está cumpliendo su papel como profesional; recordad eso siempre.

Existimos para trabajar con personas que no solo quieren perder peso, sino también para enseñaros a comer, ayudaros a adquirir hábitos saludables que se mantengan en el tiempo, mejorar síntomas de una patología en caso de que sea posible, trabajar en que la relación con la alimentación que tengáis sea saludable y positiva, ayudaros con la compra, lectura de etiquetados, etcétera.

Eso sí, no somos adivinos, ni magos, ni hacemos milagros, así que si os llega un dietista-nutricionista que promocione algo raro (léase pastillas, zumos *detox*, batidos, merengadas, tratamientos que suenan demasiado buenos para ser verdad y otros tratamientos del estilo), salid corriendo y acudid a otro que os dé confianza. La nutrición de verdad y de calidad no se trabaja así. Si existiera una pastillita mágica no habría obesidad.

Qué podemos considerar una buena nutrición

Según la OMS: «**La nutrición es la ingesta de alimentos en relación con las necesidades dietéticas del organismo.** Una buena nutrición (una dieta suficiente y equilibrada combinada con el ejercicio físico regular) es un elemento fundamental de la buena salud».

En mi opinión, la nutrición no solo tiene que ver con necesidades dietéticas (que sí, que esa es una de las principales metas de la buena nutrición), sino con cómo esta se ve afectada, cuándo y por qué. Es decir, **una buena nutrición (en mi opinión) se va a ver influenciada por factores ambientales, sociales y psicológicos**, como claramente hemos podido ver. Porque para que podamos tener una correcta nutrición tenemos que encontrarnos en armonía con todos esos otros factores que mencioné antes (como en *La Odisea*).

Estar en un ambiente positivo o negativo, comer con estrés, comer rápido y de forma automática, no tener tiempo para cocinar, almorzar en el trabajo, tener que viajar mucho, tener que comer o cenar fuera de casa, ser sedentario, ser activo…, todo eso va a condicionar si podemos o tomaremos la decisión de llevar una correcta nutrición, y por eso no debemos enfocarnos únicamente en las calorías, la báscula y seguir una dieta restrictiva (perdón, soy un disco rayado).

¿Existe el peso ideal?

Es lo mismo que el tema de las calorías. Aunque teóricamente sí existe una fórmula para calcularlo que muchos profesionales suelen utilizar, mi opinión es que no sirve para nada. Ni siquiera voy a explicar cómo se puede obtener, aunque haya como mil páginas o fórmulas que lo calculen. He visto casos en los que el peso ideal llega a ser tan bajo que la persona nunca ha pesado eso en toda su vida u otros casos en los que, según el índice de masa corporal, la persona tiene un diagnóstico de sobrepeso y habría que recomendarle que «adelgazara», pero al ver la composición corporal (grasa, músculo) resulta que está todo dentro de rangos normales, incluso óptimos.

Pero, entonces ¿existe un peso ideal?

Yo creo que no, y creo también que **el peso es solo un número más que hay que considerar** y que, además, **fluctúa demasiado** y se ve afectado por muchos factores:

- los ciclos hormonales,
- las comidas y bebidas que ingiramos los días anteriores o ese mismo día,
- la sudoración,
- la hora del día a la que nos pesemos,
- el ejercicio que hagamos,
- la retención de líquidos,
- nuestra masa muscular, ósea y visceral,
- las digestiones o
- si hemos ido o no al baño.

¿Es necesario entonces que nos obsesionemos por un número que se ve afectado por tantas cosas y que no nos dice nada sobre nuestra composición, progreso o salud si lo vemos de manera aislada? Me parece que ya sabéis la respuesta...

Beber de las fuentes

También quiero aclarar que **la nutrición puede ser muy controvertida**. La ciencia en general lo es. Muchas veces, como dice Marion Nestle (profesora de nutrición en Nueva York que no tiene nada que ver con el imperio alimentario suizo tan popular), la ciencia es sujeto de pura interpretación, y la interpretación depende de un punto de vista, de una perspectiva. Un punto de vista puede verse influenciado por intereses personales, y por eso es vital que consultemos las fuentes de todo lo que leemos, porque siempre pueden surgir conflictos de interés.

Al final de este libro encontraréis fuentes fiables, e incluso perfiles de dietistas-nutricionistas que podéis consultar. Revisad **quién esta escribiendo y qué interés tiene esa persona en contaros lo que os cuenta**. Actualmente hay demasiada información, quien sea puede abrir un blog ahora mismo y empezar a escribir lo que le dé la gana. **No creáis en todo lo que leéis**. Ni siquiera creáis en mí, revisad si realmente lo que os digo es cierto y si es coherente con cada uno de vosotros.

Me propongo hacer un experimento: escribo la palabra «dieta» en Google y aparecen enunciados que dan miedo: «Las dos dietas más efectivas para adelgazar», «Trucos para llegar a tu peso ideal», «La dieta que tiene esa "famosa" para lograr una figura diez», y las barbaridades continúan, y siguen, son infinitas. Podemos, en conclusión, encontrar en Internet información de todo tipo, y reside en nosotros la capacidad de saber filtrar y no caer en títulos amarillistas que nos prometen ejercicios que no son realidad.

Una dieta es más que perder peso

Porque, por otra parte, ¿por qué será que asociamos llevar una dieta con el único fin de perder peso? Y es que, según el diccionario, la palabra dieta significa: «Conjunto de sustancias que regularmente se ingieren como alimento». Es decir, que la dieta es lo que comemos todos los días, y punto.

Resulta que nos han vendido la palabra «dieta» como un término asociado al significado de algo restrictivo, algo para bajar de peso y, por tanto, vemos este concepto de forma negativa: la dieta de la manzana, la dieta de la alcachofa, la dieta de los puntos, la dieta del algodón, la dieta de tal famosa… En fin, esta palabra se usa solo para promover la pérdida de peso.

Si estás haciendo dieta seguro que es porque quieres adelgazar, cierto, pero, sin embargo, no tenemos en cuenta a las personas que quieren hacer dieta:

- para ganar peso,
- para rendir mejor,
- para tener mejores pulsaciones y tensión arterial,
- para incrementar su masa muscular,
- para mejorar o tratarse de alguna patología,
- por ética,

- por religión,
- por costumbres o, simplemente,
- para aprender a comer bien.

Ojo con las dietas milagro

De aquí, de esta confusión con lo que creemos que significa estar a dieta, solo hay un paso antes de empezar a hablar de las llamadas «dietas milagro». Son las clásicas dietas de la temporada o de moda. Casi siempre las patrocina alguien que no ha estudiado nutrición: actores, futbolistas y hasta cantantes, o puede que algún doctor que no sabe ya de qué palo ahorcarse porque no se ha actualizado (no soy antidoctores, mi padre es médico y me encanta la medicina, hay médicos de increíble calidad, pero he visto cada cosa...).

Estas dietas se identifican con rapidez:

- Prometen una pérdida de peso rápida y brusca porque se aprovechan de tu desesperación.
- Utilizan métodos que casi siempre son drásticos o radicales.
- No fomentan el uso de alimentos saludables y reales.
- Eliminan grupos completos de alimentos por razones desconocidas o que no nos saben explicar.

No se trata de dietas sostenibles porque no se pueden seguir durante un plazo largo (tanto por salud mental como física) y, para rematar, dejan un hueco en tu bolsillo, te llenan de frustración y dan paso al efecto rebote cuando se acaban.

Existen un montón de dietas distintas; nos encontramos con dietas bajas en hidratos, dietas hiperproteicas, dietas altas en grasa, la dieta paleo, la dieta vegetariana, vegana o la basada en plantas, la dieta cetogénica… En fin, menciono estas por citar algunas que son conocidas y que pueden ser de confianza si se llevan de manera correcta y guiada.

Porque cada dieta se puede seguir por distintos motivos, y yo no escribo este libro para deciros que alguna de ellas es la perfecta, porque no la hay.

No existe una dieta ideal, no hay una dieta de oro.

Todos y cada uno de nosotros somos distintos, ya no solo en cuanto a nuestras condiciones físicas, sino que tenemos experiencias diferentes, crecimos y nos manejamos en ambientes distintos, conservamos algunas predisposiciones y la genética de unos y de otros es diferente, y entonces, siendo esto así, **¿cómo creéis que puede haber una única y singular dieta apropiada para toda la cantidad de seres humanos que habitamos este mundo?** Es un sinsentido, y siempre apoyaré el dicho popular de que no existen enfermedades sino enfermos.

No estamos hechos igual que el otro, no podemos compararnos con una persona que es completamente diferente a nosotros en todo sentido, y entonces ¿por qué tendríamos que alimentarnos igual?

Vegetarianismo y veganismo

Está en mi deber deciros que estudios recientes e instituciones de confianza suelen indicar que cuanto más basada en plantas esté nuestra alimentación, mejor. Repito, **no es mi opinión, es lo que hasta ahora se ha comprobado y se ha visto usando el método científico bien aplicado.**

En mi opinión personal, y también como profesional, he visto grandes resultados de salud y de peso llevando una dieta que se acerque a lo vegetariano/vegano. Con esto no quiero decir que este tipo de dieta sea para todo el mundo ni que sea la única que recomiendo, nada que ver. Solo que será mejor preferir alimentos como frutas, verduras, legumbres, frutos secos o semillas para obtener una salud óptima, con menor riesgo de padecer enfermedades como diabetes, cáncer o infartos, con probabilidades de vivir más tiempo y en general con resultados favorecedores en la composición corporal.

Y ya que tocamos el tema, esta es una de las preguntas que suelen hacerme con más frecuencia: **¿es recomendable o seguro llevar una dieta vegetariana o vegana?**

Sí, se trata de una alimentación segura, completa, variada, suficiente y con muchos beneficios para la salud y el medioambiente.

Una persona que lleve un patrón alimentario sin carnes, pollo o pescado se considera vegetariana. Puede haber varios subtipos oficiales:

Alimentación	Carne y pescado	Huevos	Lácteos	Miel	Lana, cuero
Ovolactovegetariano	No	Sí	Sí	Sí	Depende
Lactovegetariano	No	No	Sí	Sí	Depende
Ovovegetariano	No	Sí	No	Sí	Depende
Vegetariano estricto	No	No	No	No	Depende
Vegano	No	No	No	No	No

Está **el ovolactovegetariano**, que consume huevos, lácteos y queso; **el lactovegetariano**, que consume solo lácteos, y luego **el ovovegetariano**, que solo consume huevos, además de vegetales, claro. Y, por otra parte, vamos a encontrarnos con el vegetariano estricto y el vegano.

El vegetariano estricto no consume ni lácteos ni huevos ni tampoco miel o gelatina, es decir, ningún producto de origen animal.

El vegano, aunque tampoco consume ninguno de estos productos, **aplica su filosofía no solo a su alimentación, sino a su estilo de vida**. Es decir, además de no consumir productos de origen animal, tampoco usa cuero ni lana ni compra cosmética o medicamentos que experimenten o usen sustancias animales siempre que sea posible.

Ya que este libro no trata de vegetarianismo y se pueden encontrar obras mucho mejores en las librerías para saber más de este tema, os dejo algunas referencias al final, en el apartado de «Fuentes». Sin embargo, debo añadir que **cada vez se encuentran más beneficios en llevar este tipo de alimentación**. No solo a nivel físico, sino también para el medioambiente y los seres vivos que habitan en nuestro planeta.

Personalmente no recomiendo hacer esta transición de golpe. Sobre todo para ir acostumbrándonos progresivamente al cambio y a la ausencia de productos cárnicos, mayoritariamente a nivel gastronómico, porque cuando empecemos no sabremos qué comer. Sin embargo, creo que en realidad uno de los grandes «obstáculos» a la hora de seguir una dieta vegetariana o vegana está en la parte social. Este tipo de patrón alimentario no es común en nuestra cultura ni en nuestra sociedad, y hasta cierto punto es normal que exista miedo y desconocimiento al respecto.

En mi familia se inquietaron bastante —a pesar de que soy nutricionista—. Lo que sucede es que muchas veces, cuando no sabemos o no entendemos algo, lo rechazamos. Eso sí, si alguien que no tiene interés en aprender sobre el vegetarianismo (ni se preocupa por tu bienestar) te hace miles de preguntas para demostrar que lleva razón, te recomiendo que pases de esa persona y no gastes energía en eso. Se trata de tu alimentación y nadie tiene por qué meterse en algo tan íntimo y personal.

Sin ir más lejos, existen muchos profesionales de la salud que no han estudiado el tema y sostienen que una alimentación vegetariana no es saludable o que es peligrosa. No se puede estar más alejado de la realidad. Desde los años noventa, e incluso antes, ya son muchas las organizaciones, instituciones, estudios y profesionales serios de la salud que apoyan este patrón alimentario. Si no fuera saludable o seguro, ya habrían surgido prohibiciones a nivel mundial.

Mi **recomendación básica** para quien quiera iniciarse en este estilo de vida es introducir **un día completamente vegetariano/vegano a la semana**. De esta forma os daréis cuenta de que no es difícil y no implica pensar demasiado, podéis probar qué recetas os gustan más y qué os resulta más fácil de preparar. En el capítulo «La lista de las listas» profundizaremos más en esto.

A modo de resumen

Por último, y para cerrar este capítulo, dejemos algunas cosas claras a modo de resumen después de tanta palabrería, datos y estudios.

La mejor dieta será la que:

- contenga suficiente verdura y fruta (y que sea densa en nutrientes),
- no desplace ningún alimento por el consumo de otro, pues no hay un único alimento que sea suficiente por sí solo,
- sea variada, necesitamos macro y micronutrientes,
- te haga sentir bien,
- te aporte energía y con la que
- te sientas cómodo y que sea coherente contigo.

ACTIVIDAD DE CIERRE

Para esta primera actividad os propongo lo siguiente:

- Investigad sobre una dieta milagro que os llame la atención y entended qué tiene realmente de negativo. ¿Qué os están vendiendo? ¿Qué interés tiene la persona o grupo que os la ofrece en que consumáis sus productos? ¿Hay algún método extraño para lograr la pérdida de peso?

  Dudad de todo. Comprobad si las características de «dieta milagro» que os he nombrado se cumplen. Os sorprenderéis de cuántas encontraréis. Tendréis bastante de dónde escoger, no os preocupéis.

- En caso de que decidáis compartir lo que habéis encontrado, ya sabéis que podéis usar el *hashtag* #labuenanutricion, etiquetarme o mencionarme en vuestros hallazgos. Así todos tendréis un montón de dietas milagro que comparar, con lo que os resultarán fáciles de identificar en un futuro, y os aseguro que no sentiréis ganas de seguir una nunca más.

- **Actividad extracurricular para los más exploradores:** podéis hacer la prueba del vegetarianismo/veganismo dedicando un día a la semana a comidas o preparaciones vegetarianas. Si ya lleváis una alimentación vegetariana, pues un día vegano. Si ya lleváis una alimentación vegana, entonces probad con una receta nueva, un ingrediente diferente o experimentad en un nuevo restaurante o mercado que os saque de vuestras rutinas. ¡Hay que variar!

- **Actividad extrema para los que soléis contar calorías a diario, os pesáis a diario o sois un poco rígidos con las calorías y el peso en general:** os reto a que paséis una semana sin hacerlo, o al menos haciéndolo alternando día sí, día no (o un solo día).

Dadle una oportunidad a la experimentación: ¿qué se siente, al menos durante unas horas? ¿Qué sensaciones tenéis? ¿Os falta algo? ¿Buscáis excusas para no hacerlo? Genial, hacedlo entonces con más ganas todavía, desafiad ese pensamiento. Os daréis cuenta de la liberación tan grande que os invadirá o, quizá, de la incomodidad y el estrés de no controlar o saber qué porcentaje exacto de grasa saturada lleva lo que coméis (si es más esta última, y solo la idea de realizar esto os da miedo, hablad con alguien que os pueda ayudar, ya que no es normal ni natural que os produzca tanto dolor, estrés, vacío o inquietud no controlar todo lo que os lleváis a la boca). Confiad, confiad en vosotros, en vuestros instintos, sensaciones e intuición, y os llevaréis una grata y bonita sorpresa.

El cuerpo está diseñado para ser nutrido, funcionar bien, tener energía y llevarnos adonde queremos ir, no para ser controlado, restringido o maltratado; recordadlo, por favor.

3.
¿Cómo empezar?

Por qué necesitamos hacer un menú semanal

Ya os he dado la lata con todos los conceptos y definiciones del capítulo anterior, así que lo que queda ahora es muy fácil: hagamos un menú semanal. Para mí, este método es infalible.

Hacer un menú semanal, seguido de una lista de la compra acorde, da cuerpo a la combinación que más funciona para poder hacer una compra completa, suficiente, saludable y económica y, por ende, para llevar esa dieta a lo largo de las semanas. No se nos olvidará nada y, además, ahorramos tiempo y dinero en el proceso.

Usualmente vamos muy rápido por la vida, de manera automática incluso, sin pensar en lo que estamos haciendo en el momento, sin apreciar cada cosa que hacemos. Si nos paramos aunque sea cinco minutos y dedicamos un rato a pensar qué nos apetece comer, qué preparaciones nos gustan, qué ingredientes son los que más usamos, qué horarios se nos complican más y cuáles pueden beneficiarnos, entonces es probable que nuestras elecciones sean menos estresantes y más saludables a lo largo de nuestro día.

Supongamos que llega el momento de la cena, una hora habitualmente complicada. Estamos cansados, ha sido un día duro de trabajo y nos encontramos con que no tenemos ni idea de qué comer; es más, ni siquiera sabemos qué hay en la nevera. En estas ocasiones en las que ni hemos planificado ni se nos ocurre qué preparar, o cuando nos apetece algo rico porque «nos lo merecemos», o cuando queremos saborear algo distinto, sabroso y reconfortante pero no tenemos ningún tipo de plato ni tampoco ningún producto en la despensa pensado para ese momento, ¿qué creéis que va a pasar?

Pues os doy la respuesta enseguida: es muy probable que terminemos comiendo lo que sea que se nos pase por delante. Podremos incluso abrir la nevera varias veces, revisaremos la despensa a ver qué tenemos, iremos picando (a veces sin darnos cuenta o sin que lo consideremos un aporte extra de energía), y después de ese recorrido, solo entonces, nos dedicaremos a cocinar o a comer algo que a veces no teníamos ni pensado.

También puede que vayamos al bar de abajo a ver qué hay, que optemos por pedir comida a domicilio o que incluso vayamos a toda prisa a una tienda o a un supermercado cercano a comprar cualquier alimento que satisfaga nuestro apetito de forma inmediata. Y, seamos sinceros, estas opciones son usualmente altas en densidad energética cuando las adquirimos de esta forma y en estos momentos (quien se saltó el capítulo de los términos básicos y la densidad energética se está arrepintiendo ahora, ¿a que sí?).

Si nuestra opción es la de ir en ese momento al supermercado (donde tanta disponibilidad de comida a nuestro alcance nos permite pasear por los pasillos para descubrir qué nos apetece realmente), puesto que entraremos cansados y, además, con hambre, buscaremos algo rápido y lo más probable es que nuestra elección termine siendo un alimento precocinado, procesado o, en general, de mala calidad.

¿Cuál sería el escenario contrario, es decir, el más favorable?

1. **Contar con algunas sobras de comida o comida preparada.**
2. **Pensar en un menú previamente para ese momento en concreto y tenerlo todo dispuesto en casa para prepararlo rápidamente.**
3. **Que al menos dispusiéramos de una serie de alimentos básicos y sanos que no falten en la despensa o en la nevera y que nos salven de ese momento de estrés,** como un bote de garbanzos y una bolsa de ensalada, por ejemplo.

Pero, claro, sin hacer una lista y sin tener al menos una idea de lo que podemos preparar/mezclar con esos alimentos, este escenario es pura fantasía, y lo sabemos.

No nos autosaboteemos, seamos nuestro mejor apoyo en estos casos y **no tengamos miedo de empezar poco a poco.**

El Odiseo que habita dentro de cada uno de nosotros nos lo agradecerá.

Cómo planificar compra y menú semanales

Podemos **ahorrar estrés y ansiedad reservando unos minutos de nuestra semana para planificar.** «Pero es que es imposible, no tengo tiempo, me estresa planificar…»

No estamos obligados planificar toda la semana, ni todas las comidas. Simplemente podemos observarnos y entender qué comida es la que más se nos hace cuesta arriba. Por ejemplo: «Yo hago un desayuno genial y ligero, tomo una fruta a media mañana, hago una comida buenísima con ensalada y atún…, pero, al llegar a casa, la merienda y la cena son un desastre».

En este caso, ya hemos visto que esas dos comidas o momentos son complicados para nosotros. El motivo puede residir en que estén fallando varias cosas: tal vez estemos siendo muy restrictivos, puede que seamos monótonos y nos sintamos aburridos, puede que simplemente no tengamos ni la más remota idea de qué comer o incluso pueden estar dándose las tres circunstancias al mismo tiempo (en lo que yo llamo «combo desastre»).

En cualquiera de los casos, lo mejor es que estemos prevenidos y tengamos opciones en casa que nos puedan apetecer y que sean **rápidas, prácticas, simples y saludables.** Si queremos algo dulce, podemos contar en la despensa con chocolate negro o con fruta, fruta deshidratada o dátiles. También podemos preparar un yogur con mermelada sin azúcar o crema de cacahuete con plátano, un bizcocho casero con ingredientes de verdad o una tortita de avena pueden ayudarnos.

Si nos apetece algo salado, es recomendable tener aceitunas, altramuces, encurtidos como pepinillos o cebollitas, frutos secos naturales o tostados (no fritos), algún queso de buena calidad, picos de pan integrales (pero integrales de verdad) o tostadas integrales (también de verdad), y eso lo enumero solo por poner algunos ejemplos, porque las opciones, a mi parecer, siempre serán infinitas.

Cada vez que pasemos por esta situación, mi sugerencia es ofrecernos alimentos de este estilo como primera opción y observar qué es lo que nos apetece de verdad. Mi consejo es que nunca nos prohibamos nada, es decir, no debemos prohibirnos de manera rotunda las natillas que quizá nos apetecen cuando deseamos algo dulce, pero siempre ofreciéndonos algo de calidad primero. Sugiero esto porque **cuanto más nos prohibamos algo, más nos va a apetecer, y el resultado será peor.** Es naturaleza humana.

Pero esto puede no funcionar y, aunque hayamos comido algo saludable, puede que nos siga apeteciendo la otra opción. En ese caso **podemos tomar una cantidad pequeña** o la que nos apetezca en el momento, siempre y cuando la disfrutemos, seamos conscientes de cada bocado y no vayamos a arrepentirnos ni culpabilizarnos.

Es probable que si comemos de manera saludable en general este episodio no afecte a nuestro progreso. Será entonces una forma de flexibilizar nuestra dieta para que no que estemos todo el día restringiéndonos y evitando alimentos que nos apetezcan de verdad.

Además, al permitirnos esa comida, aportaremos variedad a nuestra dieta de manera compasiva y consciente, y es bastante probable que debido a esto nos apetezcan alimentos nutritivos y de calidad el resto del tiempo, ya que estaremos «escuchando» a nuestro cuerpo.

Ahora bien, es cierto que no solo se trata de tener estos alimentos a mano, sino también de evitar llevar a casa otros que puedan ser más «atractivos». Por ejemplo, si me apetece algo dulce y en casa tengo galletas, rosquillas y natillas, ¿qué creéis que terminaré comiendo? Lo mejor es apegarnos a la comida real, de cercanía, de calidad y que nos satisfaga. Ese tipo de comida no nos deja con culpabilidad, nos aporta energía suficiente para no querer comer otra cosa y, sobre todo, nos nutre física y mentalmente.

Porque, y este es un matiz importante, **no solo se trata de la comida como tal, sino también de la emoción que experimentemos o de la situación en la que nos encontremos al comerla.**

El hambre emocional

Pero, pese a todo, puede suceder que alguna vez se presente esa incontrolable sensación de «tener que» comer algo, esa necesidad de no poder seguir viviendo sin probar determinada comida (usualmente suele ser algo que nos autoprohibimos, lo cual es interesante, ¿no?).

Pongamos el mismo ejemplo de la persona que llega del trabajo cansada y con ganas de algo rico porque «se lo merece». En ese caso, es posible que la rutina la tenga aburrida, que incluso coma en el trabajo o se lleve algo que considera que es supersano (pero que puede que sea poco o muy repetitivo) y cuando llega a casa no es hambre física lo que tiene, es hambre emocional.

¿Por qué? Pues puede haber millones de razones. Puede que por nervios, miedo, rabia o estrés busquemos refugio en la comida, algo que resulta una solución o una tirita temporal, algo rápido, accesible, barato y, además, placentero. Puede que incluso comamos por aburrimiento, por querer tener algo de «sustancia» en el día, algo que es, como os digo, quizá lo que la mayor parte del tiempo nos autoprohibimos.

Sea la razón que sea, y si esto nos ocurriera con frecuencia o de manera compulsiva, lo mejor es consultar a un psicólogo para que nos ayude a gestionar estas sensaciones de otra manera. Debido a que la comida suele tener la habilidad de ser esa tirita temporal tan placentera y accesible, si no encontramos otra actividad en la que refugiarnos, esta seguirá siendo el único momento de desahogo, calma, confort y placer, y tampoco podemos pretender sustituirla o eliminarla radicalmente sin antes buscar otra manera de enfocar o gestionar esa emoción.

Algunos ejemplos de menús

Volviendo al aspecto nutricional, y como conclusión de estos párrafos, lo más importante será:

- que contemos con alimentos de verdad,
- que nos planifiquemos si sabemos que nos resulta complicada o estresante cierta comida,
- que escojamos alimentos altos/densos en nutrientes,
- que nos escuchemos y
- que variemos lo máximo posible en función de lo que nos apetezca cada día.

Para enseñaros un poco el proceso de manera más gráfica, vamos a ver algunos menús que podemos elaborar (recordad que son solo sugerencias y que para tener un plan personalizado debéis consultar con un dietista-nutricionista):

Menú 1	
Desayuno	Tostada integral con tomate + aceite
Media mañana	Naranja con canela y nueces
Comida	Pimiento relleno con garbanzos y pisto de verdura + yogur de postre
Merienda	Chocolate negro + manzana
Cena	Revuelto de setas con ensalada de tomate, cebolla, canónigos y aguacate

Menú 2	
Desayuno	Yogur entero (sí, pueden consumirse lácteos enteros, sacian más) sin azúcar + crema de cacahuete + plátano
Media mañana	Tostada con salmón y aguacate
Comida	Patata rellena con queso, tomate, pimiento y cebolla, en una base de lechuga
Merienda	Humus (con los garbanzos de la comida del día anterior) y zanahoria, apio y tomates cherri
Cena	Atún con pisto de verdura (de la comida del día anterior) y picos de pan integral

Menú 3	
Desayuno	Gachas de avena con bebida vegetal y fruta
Media mañana	Pistachos + higos secos
Comida	Espaguetis de calabacín + boloñesa de lentejas con tomate natural y verdura picada
Merienda	Palomitas caseras con infusión fría o caliente
Cena	Berenjena y calabacín al horno con semillas y tofu a la plancha

Cuando acudimos al supermercado sin saber qué necesitamos exactamente, es probable que nos perdamos en todos los pasillos viendo centenares de productos sin estar seguros de si los vamos a comer esa semana, de si ya teníamos alguno parecido en casa o de si nos hace falta de verdad para esa receta que queríamos hacer; algunos quizá no sabemos ni qué son y no sabemos cómo usarlos, y simplemente nos distraemos y terminamos adquiriendo artículos que no queríamos o no necesitábamos.

En cambio, con un menú como estos tres que acabo de exponer (y aquí la creatividad siempre será parte esencial del proceso) y con una lista de la compra acorde, podemos ir directamente a comprar lo que queremos sin ser persuadidos por el atractivo de otros productos, ahorrando dinero, tiempo y hasta evitando que terminemos tirando alimentos por falta de uso.

Consejos para elaborar un menú saludable

Para hacer un menú saludable podemos guiarnos por distintas referencias. Existe el llamado «plato de Harvard»[2] y muchos profesionales también se rigen por porcentajes para determinar cuánto y qué comer en cada comida según distintos criterios de algunas entidades o valores de referencia; otros, en cambio, manejan pirámides de lo que se supone que tenemos que aportar a nuestro cuerpo a lo largo del día.

2. El plato de Harvard es una forma de transmitir a la población general cómo debería ser un plato bien equilibrado. Está creado por expertos en nutrición de la Escuela de Salud Pública de Harvard. Es una guía simple para consumir comidas saludables a lo largo del día. El plato es solo una representación, las comidas no tienen por qué estar en un plato siempre, se puede jugar con los porcentajes y crear primeros y segundos, o incluso se puede servir en varios platos, en cada comida, a lo largo del día. Para mayor información, podéis consultar «The Nutrition Source» de School of Public Health de Harvard University [Disponible en: <https://www.hsph.harvard.edu/nutritionsource/>.] y Harvard Health Publishing de Harvard Medical School [Disponible en: <https://www.health.harvard.edu/>.]

Y luego está, por supuesto, la que tal vez es la mejor opción, la más personalizada: acudir al dietista-nutricionista para que nos haga un menú adaptado a nuestros gustos, estilo de vida y de alimentación en general y que realmente sea algo que vamos a aplicar por un buen tiempo.

Yo, influenciada por mi favorito, el ya citado «plato de Harvard», os dejo una fórmula rápida para poder planificar un menú fácil y completo sin rompernos mucho la cabeza. Este sirve para los almuerzos y las cenas:

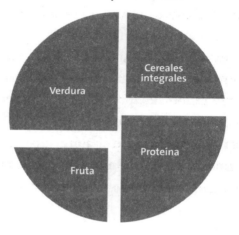

- **Verduras (50 % del plato)**: mejor siempre de temporada. Variar o alternar entre verdura cocida y verdura cruda es ideal: podemos tener ambas en todas las comidas o ir alternando entre ensaladas, verduras asadas, al vapor, en pisto, en cremas, en sopas, en croquetas al horno, hervidas, guisadas, en crudités, con patés, etcétera. Sinceramente, cualquier verdura sirve; si no os gusta alguna, intentad probar con alguna preparación base para maquillarla, pero utilizad las que os gusten y aprovechadlas al máximo.

- **Proteínas (25 % del plato)**: estas son las legumbres, tofu, pescado, pollo, ternera, cerdo, pavo, huevo, queso, yogur y leche (aunque estos tres últimos también representan el grupo de lácteos). Existen algunos alimentos, como las propias legumbres, la quinoa, los frutos secos y otros cereales y verduras que aportan proteína, pero estos mencionados anteriormente son los representantes básicos o más densos de este grupo.

- **Hidratos de calidad e integrales (25 % del plato)**: arroz integral, patata, boniato, pasta integral, quinoa, cuscús, mijo, trigo sarraceno, legumbres, pan integral, maíz, etcétera. Este grupo siempre puede variar dependiendo de la meta, de los gustos y del apetito de cada quien, y tampoco será tan importante si algún día no lo incluimos en nuestro «plato». Si os apetece, comprad hidratos de buena calidad, mejor integrales, y consumidlos cuando realmente sintáis la necesidad. No voy a entrar en mucho detalle, pero sí es posible consumir hidratos sin engordar, lo importante es conocer el requerimiento y que no sean una parte vital del plato. Esto es debido a que, como os he explicado antes, no existe un alimento que por sí solo nos lleve a aumentar de peso. Los hidratos no son una excepción a esta regla. Si tomamos una cantidad adecuada para nosotros, y además estamos hablando de hidratos de buena calidad, es imposible que engordemos debido al consumo de este alimento en concreto. La realidad es que nuestro cuerpo tiene una reserva (se llama glucógeno, es una forma de almacenar energía en nuestro cuerpo) que necesitamos llenar a diario. Si no sobrepasamos esta reserva con lo que comemos, no habrá problema. La cuestión está en no excedernos con nuestros requerimientos diarios para no sobrepasar el tamaño de nuestra reserva y así no almacenar glucosa en forma de grasa, que es cuando se dice que «engordamos».

Incluso existe un estudio en el que se evaluó a dos grupos de personas distintos, ambos con dietas restrictivas, pero con la misma cantidad de proteínas, grasas e hidratos.

Un grupo simplemente comía los hidratos a lo largo del día, y el otro, casi el 80 % de la totalidad, por la noche. Se encontró que el grupo de la noche bajó más de peso y tenía menos hambre durante el día.

Es decir, independientemente de la hora y de la distribución, nuestro peso no debería verse afectado. Lo importante es consumir una cantidad acorde a nuestro peso, edad, actividad física, etcétera.

Por otra parte, tampoco pasa nada si no son siempre hidratos de carbono integrales, pero realmente todo lo integral conserva mejor los nutrientes y la fibra, aporta más saciedad a lo largo del día y, por ende, puede ayudarnos a mejorar nuestro apetito y a mantener una mejor salud en general.

- **Grasas:** aunque no aparecen reflejadas como tales dentro del «plato» siempre podemos agregarlas en forma de aceite de oliva, aguacate, aceitunas o semillas (las cantidades dependerán de cada quien).

- **Postre** (siempre opcional): consistirá en fruta de temporada, frutos secos, yogur, chocolate negro, lácteos de calidad, infusiones, café, etcétera.
- **Bebida:** preferentemente, y por excelencia, siempre agua (no, no engorda con las comidas, ni tampoco «endurece la grasa»).

También podemos realizar estas mismas combinaciones en platos distintos de primero y de segundo, haciendo más o menos caso a estas pautas y distribuciones.

Recomendaciones para la distribución semanal del «plato de Harvard»

Para ayudaros con la planificación, os ofrezco algunos consejos de lo que podría ser una distribución semanal, en la que lo ideal sería que hubiera al menos:

Verdura

- Deben figurar en el menú al menos en comida y cena.
- Mi recomendación es que se trate de productos **de temporada** (que siempre estarán más frescos).
- Si son locales, mejor (salen más baratos y saben de verdad a verdura).
- En el plato deben ser el 50 % de cada comida y aportar al menos 200 gramos. Recordad que cuantos más alimentos densos en nutrientes introduzcamos, más satisfechos nos encontraremos.

- Podemos incluir setas o champiñones por igual dentro de este grupo de verduras.
- Para consumir este tipo de alimentos podemos variar. Algunas sugerencias:

VERDURAS CRUDAS

- Espaguetis de remolacha, zanahoria o calabacín.
- Ensaladas variadas con distintas verduras.
- Tacos con lechuga.
- Crudités con paté.
- Gazpachos.

VERDURAS AL HORNO

- Berenjena, calabacín, pimiento o tomates rellenos.
- *Pizza* de calabacín.

VERDURAS COCINADAS

- Crema de verduras, caldos o sopas.
- Parrillada de verdura.
- Verduras asadas.

OTRAS PREPARACIONES

- Verduras al *wok*, al vapor, hervidas, guisadas, a la papillote...

Fruta

- Mi sugerencia es consumir un mínimo de dos o tres piezas a lo largo del día, como siempre repito a mis pacientes.

- Mejor que sean siempre locales y de temporada, como en el caso de las verduras.

- No hay una mejor hora ni momento para incluirlas, pueden ser parte del desayuno, de las comidas, de las meriendas... Con tal, eso sí, de que siempre exista variedad para que tengamos un gran aporte de micronutrientes (vitaminas y minerales).

- Dentro de este grupo van incluidos el plátano, las uvas, el mango, los higos y también los dátiles. No hay una fruta mejor que otra, no hay una fruta en concreto que «engorde» más que otra. Todo es cuestión del balance diario.

- No tenemos que comer la fruta siempre entera, podemos hacer una ensalada de fruta, mezclarla con yogur, tomarla junto a frutos secos enteros o en crema o incorporarla a un postre como ingrediente. En fin, de nuevo la creatividad será muy útil en este caso.

- **No suelo recomendarla en zumo, solo en batidos,** donde se conserva mejor su pulpa, y así aprovechamos los micronutrientes y la fibra real que aporta cada fruta. Si compramos zumo o algún líquido que se haga con extractor, estaremos desperdiciando los efectos de saciedad que nos da la fruta, además de sus factores nutritivos y saludables. No significa que si algún día tomamos un zumo o un batido (mejor) sea fatal, sino que los dejemos para ocasiones muy concretas. Aparte, tendemos a tomar mucha más cantidad de fruta en esta presentación que si la comemos entera.

Proteína

Producto	Días a la semana
Legumbres* (incluida la soja)	Mínimo 3-4 veces por semana. Si lleváis un estilo de vida vegetariano o vegano, podéis consumirlas todos los días, en varias comidas.
Huevo	No hay un mínimo, y el máximo depende de ti. Podría ser todos los días, incluso 2 en cada comida, pero sería cuestión de evaluar las necesidades.
Carne blanca y magra (pollo o pavo)	2-3 veces por semana si eres omnívoro.
Pescados	3-4 veces por semana si eres omnívoro.
Mariscos	1-2 veces por semana, completamente opcional.
Carnes rojas**	No son necesarias, no hay una recomendación semanal. Máximo 1-2 veces por semana.
Embutidos y carnes procesadas***	No son necesarios, no hay una recomendación semanal. Máximo 1 vez por semana.

* Debo decir que las legumbres tienen contenido proteico y de hidratos, por lo que tendremos que combinarlas de manera inteligente. Podemos usarlas como única fuente de proteína o también podemos usarlas como acompañamiento siempre y cuando las combinemos bien en relación con el plato de hidratos.

** ¿Te apetecen? ¿Vas a comer fuera y quieres consumir algún filete de buena calidad? ¿Alguna vez te resulta práctico usar un embutido de calidad? Ese consumo no será representativo en comparación con el resto de proteínas que vayas a consumir a lo largo de la semana o del mes. Lo que no existe es un mínimo recomendado porque son completamente prescindibles dentro de nuestra alimentación, pero de manera puntual tampoco tendrás problemas de salud si las consumes.

*** La OMS se refiere a «carne procesada» **cuando la carne ha sido transformada a través del sazonado, el curado, la fermentación, el ahumado u otros procesos para mejorar su sabor o su conservación.** La mayoría de las carnes procesadas contienen carne de cerdo o carne de ternera, pero también pueden contener otras carnes rojas, aves o subproductos cárnicos tales como la sangre. Otros ejemplos de carnes procesadas son las salchichas de jamón o la carne en conserva, entre otros productos.

No es necesario que se dejen de consumir estos alimentos en su totalidad, ya que son considerados una completa fuente de proteína y también aportan algunas vitaminas y minerales. Sin embargo, están vinculados a un mayor riesgo de muerte por enfermedades del corazón, cáncer, diabetes y otras enfermedades crónicas o cardiovasculares. Esto se debe al tipo de grasas que aportan, también al sodio e incluso a los métodos de conservación, procesamiento o cocción que se usan para prepararlos.

Hidratos

Se pueden incluir todos los días y en cada comida, aunque en algunos casos es mejor que sean solo tres o cuatro días a la semana, y en otros casos totalmente distintos se recomiendan en ciertas comidas en concreto. Todo esto va a depender:

- de tu pauta nutricional,
- de tu gasto energético,
- de tu actividad física,
- de tus sensaciones de saciedad y
- de tu peso, entre otras cosas.

ACTIVIDAD DE CIERRE

¡A crear se ha dicho!

Para esta actividad vamos a crear un menú saludable de un día siguiendo (más o menos) las directrices que hemos comentado en este capítulo. Podemos organizarlo en función de si desayunamos o no, de si nos apetece comer entre horas, de si hacemos ejercicio y qué comemos antes o después, lo que sea que se os ocurra que pueda interferir en el menú de cada uno. Os dejo en mi página web unos archivos descargables para que tengáis una plantilla con la que guiaros, pero podéis usar la que os apetezca.

Aquí también podéis compartir vuestros menús con el *hashtag* #labuenanutricion. Ya hay incluso un menú-ejemplo para que veáis lo fácil que es ir creándolo sin complicarnos mucho la vida y siempre comiendo de manera apetitosa.

Cuantos más compartamos, más grande será la diversidad, y sé que esto nos puede ayudar un montón a todos cuando andamos cortos de ideas. De esta manera, todos podemos contar con varios menús para buscar inspiración y aplicarlos a nuestro día a día. Ver qué se os ocurre será genial.

- **Actividad extracurricular para los más frikis:** podéis hacer menús semanales e incluso montar fotos de platos con la distribución que más os guste, de esta forma todos vamos cogiendo ideas. Incluso podéis empezar a aplicar estas proporciones en un restaurante, en una fiesta o en el lugar de trabajo; en casi cualquier parte es posible, ya veréis que es más fácil de lo que os imagináis. Haced la prueba.
- **Actividad extrema:** se trata de prestar atención plena. Al preparar las comidas vamos a estar atentos ante cada sabor, olor, textura o sensación que tengamos presente. Si nos apetece picar mientras estamos cocinando o buscando

los ingredientes, seremos muy observadores y conscientes, pero nunca juzgándonos, lo dejaremos fluir, siempre disfrutando, eso sí. Podemos ir anotando todo lo que se nos ocurre durante este proceso para que nos ayude a recordarlo mejor después.

Buscaremos que haya color y creatividad en nuestros platos. Si a nuestros huéspedes o invitados solemos servirles y prepararles comidas espectaculares, ¿por qué no a nosotros mismos? No tienen que verse de revista ni de restaurante *gourmet*, simplemente tienen que gustarnos a nosotros y ya está.

Un ritual para cuando nos sentemos frente al plato:

- Cerraremos los ojos durante al menos un minuto (aunque podemos hacerlo el tiempo que queramos).
- Respiraremos profundamente.
- Daremos las gracias por tener comida, por poder degustar alimentos sabrosos y por el placer que nos va a proporcionar comer algo que nos gusta, que hemos preparado (o nos han preparado) con amor y dedicación y que, además, nos nutre.
- A continuación evaluaremos lo completo (o no) que es nuestro plato: ¿Me apetece? ¿Es una buena cantidad? ¿Me gusta lo que preparo o lo que han preparado para mí?
- Por último apreciaremos el olor.
- Después, empezaremos a comer.
- Durante la comida estaremos atentos a los sabores, texturas, etcétera.
- Una vez hayamos terminado es interesante que nos preguntemos: ¿Cómo me he sentido? ¿Ha cambiado en algo mi apreciación en este momento? ¿Me siento diferente? ¿He comido más, he comido menos? ¿Ha sido suficiente?

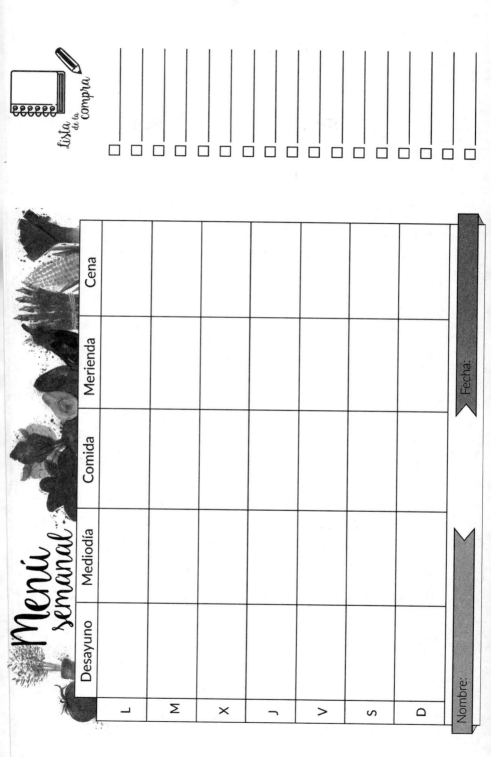

Menú semanal

Lista de la compra

- ☐ _____
- ☐ _____
- ☐ _____
- ☐ _____
- ☐ _____
- ☐ _____
- ☐ _____
- ☐ _____
- ☐ _____
- ☐ _____
- ☐ _____
- ☐ _____
- ☐ _____
- ☐ _____
- ☐ _____
- ☐ _____
- ☐ _____

	Desayuno	Mediodía	Comida	Merienda	Cena
L					
M					
X					
J					
V					
S					
D					

Nombre: _____ Fecha: _____

4.
La lista de las listas

Los macronutrientes y micronutrientes

Ya tenemos el menú semanal, ya sabemos qué es lo que necesitamos para preparar ciertas recetas, qué deberíamos o podríamos tener en casa de manera permanente en caso de imprevistos y qué es lo que tenemos que comprar para completar un buen menú saludable, así que llegó la hora de la verdad: la lista de la compra.

Antes de meternos de lleno en el tema (lo bueno se hace esperar), os explicaré brevemente una cosa: un **macronutriente** es una sustancia «grande» o compleja que se tiene que digerir en otra sustancia más pequeña para que nuestro intestino pueda absorberlo de manera correcta.

Por ejemplo, **las proteínas, los lípidos (grasas) y los hidratos** son parte del grupo de macronutrientes, como hemos visto antes. En el caso de las proteínas, estas se tienen que sintetizar o degradar en aminoácidos (que son moléculas más simples o fáciles de digerir) y los hidratos, en glucosa para que puedan absorberse mejor en el intestino y así ser aprovechados por todas nuestras células de manera eficiente.

También existe el grupo de los **micronutrientes**, que son básicamente **las vitaminas** (vitaminas A, C, D, E, K y las del grupo B) **y los minerales** (hierro, calcio, potasio, sodio, yodo y zinc, entre otros).

Estos dos grandes grupos son necesarios (esenciales, en realidad) para que podamos vivir y funcionar bien, y ya sabemos que, aunque puede haber gran variedad y necesidades distintas de persona a persona, no tendríamos que eliminar ninguno de ellos para alimentarnos de una forma saludable o para perder peso.

Solo el conjunto total del día, es decir, cuánta cantidad necesitemos y consumamos de cada uno de estos grupos, y si nos excedemos o no, afectará a nuestro peso y salud, y estos factores, en combinación, serán realmente los responsables de que tengamos una salud adecuada y óptima.

Lo que debemos saber antes de hacer la lista de la compra

Ya que hemos repasado los conceptos de macro y micronutrientes, veamos también algunos consejos simples antes de adentrarnos en aguas más profundas. Son pautas inspiradas en la metodología de una de mis compañeras de trabajo, Candelaria Soulas (#nutandcook), una gran profesional que me ha permitido utilizar estos consejos de manera desinteresada y amable para poder compartirlos con vosotros. Estas recomendaciones siempre las entregamos a nuestros pacientes en la consulta de manera general, y son las siguientes:

1. **Más mercado y menos supermercado:** Esta frase me fascina. Es utilizada por muchos compañeros de profesión y creo que la base de lo que quiero transmitiros mediante este libro se podría resumir en ella. Solemos recomendar esto porque siempre encontraremos alimentos más frescos y de cercanía en los mercados. Estaremos, además, apoyando a productores pequeños, ayudaremos a la economía de nuestra zona, hallaremos probablemente precios más baratos y **la calidad de los productos siempre suele ser mejor** porque no tienen que pasar por tantas cadenas de conservación para mantener la frescura.

   Otra razón de este consejo es que las alternativas que solemos encontrar en los mercados son siempre **opciones reales**. Es decir, en un mercado de verdad no habrá galletas de chocolate con chispitas de colores (y si las hay, están hechas con amor e ingredientes auténticos y no de manera masiva o industrializada).

   Los pasillos de los supermercados a veces pueden ser hasta abrumadores. Al llegar a este país e instalarme de manera permanente, tuve que hacer mi primera compra en un supermercado y me di cuenta de que la cantidad de marcas, variedades, precios y etiquetados no tenían sentido. Todavía no conozco todas las marcas que hay, son infinitas. Las opciones son tantas que en aquella primera incursión en un súper español no sabía ni por dónde empezar. Quería llevármelo todo, todo era atractivo, todo me llamaba la atención… Porque esta es exactamente la sensación que los supermercados buscan generar en nosotros.

¿Por qué? Porque eso implica que recorramos todos los pasillos y revisemos todos los productos posibles para poder encontrar aquello que realmente fuimos a comprar. Y es que la distribución de pasillos de los supermercados ha sido estudiada y tiene su propio sentido. Hay un motivo por el cual tienes que pasar por ciertos pasillos para poder llegar hasta la fruta o la verdura.

El trabajo de estas empresas es **vender**, y vender no cualquier cosa, sino lo que ellos quieren que compremos. Contemplado desde esta perspectiva, se ve que es nuestro problema lo que vayamos a comprar y se entiende que es únicamente nuestra culpa si nos decidimos por la galleta y no por la manzana. Pero, claro, quién va a escoger una manzana si para llegar a ella tienes que pasar por cincuenta marcas distintas de galletas de todo tipo de sabores y olores; incluso hay algunos supermercados donde hornean una gran variedad de bollería para que nos apetezca comprar allí.

Cuando estamos en un lugar como ese, el libre albedrío y la responsabilidad, o la dichosa fuerza de voluntad, son puestos a prueba con cada producto que vamos poniendo en el carrito. Sin embargo, a su vez todo esto se va a ver influenciado por un esfuerzo masivo que hacen ellos para que algunos productos apetezcan más que otros, y la realidad es que cuantas más cosas vemos, más queremos comprar.

Muchos gerentes de grandes supermercados incluso comentan que los consumidores somos los que tenemos la culpa de comprar determinados tipo de productos, pues escogemos llevarnos raciones más grandes de cualquier producto porque son más baratas.

Y, claro, ¿cómo no hacerlo? Si nos ofrecen un refresco en lata más caro que la botella completa, ¿cuál escogemos? «Solo un tonto se llevaría la lata.» Sí, es difícil porque se requiere de mucho discernimiento para saber identificar esto y no terminar comprando la ración grande, con la que, obviamente, consumiremos el doble o triple de calorías por un precio más bajo.

Los estudios demuestran que del 70 % de los compradores que van al supermercado con la lista de la compra solo un 10 % la sigue al pie de la letra, e incluso, aunque la sigamos, puede que nos llevemos dos productos extra por cada ítem en la lista. Eso parece suceder por alguna de las siguientes razones:

- Buscamos productos que siempre compramos: como plátanos, café, legumbres, y mientras los buscamos vemos muchas otras cosas que llaman nuestra atención.
- Vamos a la sección de panadería, bollería o de alimentos preparados y gracias a lo apetitosos que se ven y a los olores de comida recién hecha, queremos comprar más. Por ende, las ventas suben.

- Probamos algo que se está ofreciendo como muestra de comida.
- Nos distraemos escuchando la música de fondo y nos quedamos más tiempo ahí (os los prometo, está estudiado).

Si estamos en el supermercado y compramos un artículo de manera impulsiva, quienes lo dirigen pueden decir: misión cumplida.

Es por todo esto que si vamos a una tienda especializada, a mercados de fruta y verdura, mercados de productores, colmados o tiendas a granel, podremos tener un control muchísimo mayor de lo que ponemos en nuestra cesta. Encontraremos fruta, verdura y legumbres, igual que en el supermercado, pero sin toda la avalancha de alimentos industrializados o procesados, de mala calidad y que no nos aportan más que tentaciones y calorías vacías.

Es vital **buscar mercados de productores** en la ciudad en la que nos encontremos o estar pendientes de las fechas de ferias agrícolas, mercados o quioscos temporales, incluso de grupos de consumo que nos puedan acercar a comer alimentos de aquí y de ahora.

En caso de no contar con este tipo de recursos, lo más importante entonces es mirar los lugares de proveniencia de los alimentos que vamos a comprar. Me sorprendió bastante cuando empecé a darme cuenta de que el aguacate que me gustaba venía de Ecuador, que el coco es de Sri Lanka, los arándanos son de Perú y los plátanos de Colombia. Es absurdo comprar algo que viaja desde tan lejos cuando hasta aquí mismo en el país, o al menos dentro del continente, se están produciendo casi todos esos mismos alimentos.

Muchas veces comprando este tipo de productos también ayudamos a la economía de esos países, pero si los dejáramos de consumir, o al menos espaciáramos su compra, es probable que se tuvieran que vender más de donde proceden y no habría que exportarlos a lugares tan lejanos.

2. **De aquí y de ahora:** La naturaleza es sabia y nos provee con distintos alimentos en distintas estaciones del año. En verano necesitamos consumir con más asiduidad determinados nutrientes, alimentos más frescos y ligeros, y en invierno esta situación cambia completamente, y la naturaleza lo sabe. Aprovechemos esta ventaja, que, además de aportarnos salud, nos **ayuda a ahorrar y a promover un mejor cuidado del medioambiente.**

Los alimentos de temporada y locales siempre son más baratos. Los supermercados gastan más para traer ciertos productos de otras partes del mundo y que estén disponibles para nosotros todos los meses del año. En el precio se incluye el transporte, la refrigeración, el almacenamiento, los desechos de alimentos que no se ven bien o que se ven «feos», etcétera.

Los precios pueden variar también dependiendo de si se trata de un producto bío, de si los alimentos vienen empaquetados y picados o hasta lavados. De esta forma también nos cobrarán más, evidentemente, por la mano de obra, producción, material, tipo de cultivo, etcétera.

En los mercados y tiendas a granel esto no sucede. Ahí simplemente seleccionamos el producto que queremos, que usualmente suele ser de cercanía y siempre será más barato, porque **se ahorran todos estos procesos industriales y materiales.**

Si, además, preferimos apoyar a mercados locales, vamos a estar:

- **promoviendo una diversidad de la agricultura** mucho mayor,
- **ayudando a mantener las tierras donde se siembra,**
- **aportando a la economía de nuestra área** y
- **apoyando el trabajo de los granjeros y agricultores de nuestra comunidad**, que son quienes trabajan y traen esa fruta y verdura.

Si os surgen dudas sobre qué alimentos son los que de verdad están de temporada cada mes, en la página web de la Organización de Consumidores y Usuarios (OCU) podréis encontrar un calendario de las frutas y verduras según la temporada.

3. **Mejor con el estómago lleno:** Parece una tontería, pero hacer la compra después de haber comido cambia nuestras elecciones de manera significativa; yo misma lo he

experimentado. Si tenemos hambre es más probable que compremos algo fácil de elaborar, que podamos consumir de inmediato o lo más rápidamente posible, y eso rara vez se traduce en un tallo de brócoli. Si además escogemos un supermercado, con todas las opciones que acabo de mencionar, la comida saludable que queríamos preparar pasa al olvido.

Un estudio reciente describía que **el hambre «probablemente activa los conceptos generales y el conocimiento del comportamiento asociado con la adquisición»**, haciendo así que sea más probable que tengamos más ganas de comprar lo que sea, incluso productos no alimenticios.

Parece que **cuando hay hambre se activa la necesidad de adquirir algo, cualquier alimento.** En este estudio se describen cinco estudios más que respaldan esta idea. Los participantes de dos de estos (grupos compuestos por 89 y 63 estudiantes universitarios, respectivamente) tenían que examinar clips que se usan para carpetas (sí, los clips que tenemos todos en la oficina o para agrupar folios) y se les comunicó que se podían llevar a casa todos los que quisieran.

En el primer estudio, los estudiantes estaban hambrientos. En el segundo, los investigadores se aseguraron de que algunos tuvieran más hambre que otros haciéndoles comer una tarta antes de examinar los clips. En ambos casos, los participantes hambrientos se llevaron significativamente más clips que los que estaban saciados.

Otro experimento similar se realizó en un entorno real: en un centro comercial. Los investigadores se acercaron a 81 compradores que salían de la tienda y escanearon sus recibos cuando estos completaron un breve cuestionario (que incluía una pregunta sobre si estaban hambrientos o no).

Los resultados fueron interesantes: los compradores hambrientos gastaron más dinero y compraron más productos (incluso no alimentarios) que los menos hambrientos. Y esto siguió siendo cierto después de tener en cuenta factores tales como el estado de ánimo o cuánto tiempo habían pasado esas personas en la tienda.

Todo esto sugiere que **el deseo de comer «puede afectar a comportamientos sustancialmente no relacionados». Es decir, cuando pensamos: «Quiero comida», esta afirmación parece reducirse a simplemente «quiero».**

Siguiendo con los estudios sobre este tema, dos investigadores de la Universidad de Cornell (en el estado de Nueva York) han diseñado recientemente un experimento que vuelve a comprobar este aspecto: el estudio se llevó a cabo en dos fases; en la primera, 68 hombres y mujeres fueron llevados a un laboratorio en dos días separados después de haber sido previamente advertidos de no comer durante cinco horas. Luego se les permitió «comprar» alimentos en una tienda falsa o de simulación que ofrecía opciones bajas en calorías como frutas, verduras y pechugas de pollo, así como también comidas con alto contenido calórico.

Antes de ir de compras, a la mitad de los sujetos se les ofreció un refrigerio. Al finalizar, ambos grupos compraron una cantidad similar de artículos, pero los que compraron mientras estaban hambrientos eligieron los alimentos con las calorías más altas.

En la segunda fase del estudio, los investigadores siguieron a 82 compradores reales a una tienda de comida. Una vez más, descubrieron que las personas que hacían compras en momentos en que tenían más probabilidades de estar hambrientas optaban por los alimentos más densos en calorías.

En conclusión, comprar alimentos con el estómago vacío influye en la elección de los alimentos, sin duda alguna.

4. **De planificación va la cuestión:** En España se desperdician cada año 7,7 millones de toneladas de alimento, y según la OCU esto sucede principalmente porque no nos organizamos bien.

Entre un 30 y un 50 % de los alimentos comestibles acaban desechados. En los hogares, la mayoría se tira a la basura casi tal cual se ha comprado. Frutas, verduras y pan fresco son los alimentos más desechados, y representan el 48,1 % del volumen total de lo que se tira.

Según una encuesta realizada por la misma entidad, las principales razones por las que tiramos comida tienen que ver con los siguientes motivos, entre otros:

- No organizamos correctamente nuestra compra.
- Se nos olvida congelar los productos.
- Cocinamos raciones exageradas que no nos comemos.
- Nos dejamos llevar por ofertas en las que se vende más producto del que necesitamos.

Como veis, para evitar todos estos errores en nuestra dieta y nuestro modo de alimentarnos, es indispensable realizar una correcta lista de la compra. Espero haberos convencido con todo lo que acabo de contaros, así que vamos a ello.

La lista básica de la compra

Esto es lo que debe contener:

Frutas, verduras y hortalizas de temporada

Hay miles de opciones y combinaciones, así como muchas formas diferentes de consumirlas: a la plancha, al horno, cocidas, al vapor, salteadas, crudas o en batidos (de frutas, de verduras o mezcla de ambos productos), por ejemplo.

Son lo primero que deberíamos buscar y meter en el carrito de la compra, y ya sabemos que son parte esencial del plato que os comentaba en el anterior capítulo, el «plato de Harvard».

Si empezamos por esta sección, tendremos uno de los apartados más importantes de nuestra compra hecho y así ya no deberíamos deambular por el súper y mirar tanto en todos los pasillos, por lo que nuestro tiempo en el mercado o supermercado disminuirá.

Cereales

Se nos ofrecen muchas opciones, pero preferiblemente siempre será mejor buscar los integrales, no porque tengan menos calorías que los productos blancos, sino porque tienen más fibra, más nutrientes y menos procesamiento. Podemos buscar:

- arroz integral,
- quinoa,
- mijo,
- trigo sarraceno,
- amaranto,
- cuscús integral,
- maíz,
- espelta,
- avena,
- centeno o
- bulgur

Los **panes** o la **pasta** también es mejor que los compremos integrales, pero aquí la clave está, para asegurarnos, en saber leer adecuadamente el etiquetado de los alimentos, sobre todo la lista de ingredientes, que será mucho más fácil de comprender que los etiquetados (más adelante hablaremos sobre eso).

En cuanto al **pan**, es mejor que sea siempre de harina integral. En la lista de ingredientes del producto este aspecto aparecerá reflejado. El primer ingrediente debe ser harina (sea del cereal que sea) «integral» o «de grano entero», si no, no se trata de un alimento integral de verdad. No os dejéis engañar y que os vendan gato por liebre. Solo porque en el envoltorio del producto diga «Más fibra» o «Integral», no tiene por qué serlo. Sí, parece increíble, pero es cierto.

Que los panes sean «multicereales» o «con semillas» tampoco garantiza que estos sean integrales de verdad, por lo que es importante leer bien este tipo de productos y estar atentos.

Otra opción es acudir a una panadería de verdad o artesanal y asegurarnos de que realmente se utilicen cereales enteros.

Alimentos ricos en proteínas

Dentro de los grupos de alimentos ricos en proteínas figuran tanto los de **origen animal** como los de **origen vegetal**.

ALIMENTOS DE ORIGEN VEGETAL

Legumbres: Aunque aporten una parte de hidrato, como vimos en el anterior capítulo, son de muy buena calidad. Podremos incluir garbanzos, lentejas, alubias, judías, soja y derivados (tofu, *tempeh*, soja texturizada...), guisantes, habas y frijoles.

ALIMENTOS DE ORIGEN ANIMAL

Pescado: Existen pescados blancos y azules que se diferencian principalmente en el contenido de grasa; los pescados azules son los que más grasa tienen. Eso sí, es de buena calidad, como el omega 3. En todo caso, en el grupo de pescados podemos escoger:

- **Pescados azules:** salmón, atún, sardinas, emperador o trucha.
- **Pescados semigrasos:** dorada o lubina.
- **Pescados blancos:** merluza, pescadilla o rodaballo.

Mariscos: Podemos comprarlos frescos o congelados. En este grupo se cuentan las almejas, los mejillones, los langostinos, las gambas, el pulpo, los boquerones, la sepia. Sin embargo, no olvidéis que su consumo es opcional.

Carnes magras: Lo principal en este grupo de alimentos es que tengan poca grasa visible; con esto me refiero a buscar cortes magros tanto de cerdo como pollo, pavo o ternera.

Huevo: Debemos asegurarnos de que el primer número que aparece en el serial del paquete sea 0 o 1. Esto nos asegura que los huevos provienen de gallinas camperas y no de corral. El Instituto de Estudios del Huevo (IEH) especifica que la forma de cría de la gallina no implica diferencias en la composición nutritiva del huevo, pero lo cierto es que los huevos número 0 vienen de instalaciones que son similares a las granjas camperas, donde las gallinas se alimentan con pienso que procede de la agricultura ecológica y tienen que cumplir las normas específicas de esta producción.

Otros alimentos proteicos

Lácteos: La leche y los yogures enteros, semidesnatados o desnatados son todas opciones válidas que podemos incluir en nuestra alimentación. Se pueden tomar enteros porque estos usualmente sacian más, pero si por gustos preferís los semi o desnatados, no pasa nada.

La cantidad recomendada es **una ración diaria, máximo dos.** Una ración representa un vaso de leche o dos yogures. Sin embargo, lo más importante de todo es revisar que en los ingredientes no haya azúcar añadido, especialmente en los yogures. Al leer el etiquetado puede existir cierta confusión, porque en el segmento de azúcares saldrán reflejados algunos gramos. Sin embargo, esto se debe al azúcar natural de la lactosa, y no quiere decir que esas leches contengan azúcar añadido.

Bebidas vegetales: Si escogemos la de soja, el contenido de proteínas es básicamente igual al de la leche de vaca, y si está fortificada, contaremos, además, con calcio y vitamina D. Debemos procurar igualmente que no tengan azúcares añadidos. Las otras bebidas vegetales o a base de cereales contienen una cantidad mucho más baja de proteína: como 0,5 g en las bebidas de arroz, 1 g en la de avena y 1,1 g en la de almendra.

Quesos: Podemos incluir queso curado, semicurado o queso fresco. No, no engorda. Lo ideal sería ir variando para no consumir más de uno que de otro, y siempre dando prioridad a los quesos frescos y semicurados en general, ya que los más curados suelen ser más altos en sodio y en grasas saturadas.

Con los quesos es fácil que los encontremos de buena calidad, y lo principal que debemos buscar en ellos es que traigan leche, cultivos lácticos o de hongos y algún conservante, como cloruro de calcio y cuajo. Con el cuajo los vegetarianos deben estar prevenidos, ya que cuando no se aclara, si el cuajo es vegetal, puede estar hecho de estómago de vaca o de algún mamífero del cual se obtuvo el queso.

Frutos secos: A pesar de que son ricos en grasas saludables, también contienen buen aporte de proteína. Lo frecuente es encontrar entre 15 g (en avellanas y nueces) y 23,7 g (en cacahuetes) de proteínas por cada cien gramos de producto. Podemos usarlos para aderezar alguna ensalada, en yogures o como merienda. Así damos un aporte extra de proteína y grasa de buena calidad a nuestra dieta.

Otros productos saludables de interés

Sal: Mejor que sea sal yodada, y así tendremos nuestros requerimientos de yodo cubiertos. Realmente para este fin solo necesitamos un cuarto de cucharadita, por lo que tampoco tenemos que exagerar al utilizar la sal. Sin embargo, si sabemos alternarla con otros condimentos y hierbas en nuestras comidas, será un buen complemento en nuestra alimentación. No tiene que ser sal marina o sal del Himalaya, como nos han hecho creer algunos fabricantes. La sal del Himalaya tiene la misma cantidad de sodio que la sal normal del supermercado, no hay mayor diferencia entre ellas.

Chocolate negro o cacao puro: Mejor siempre si el chocolate contiene una proporción igual o superior al 80 % de cacao, para que podamos aprovechar sus propiedades antioxidantes. El cacao puro en polvo sin azúcares añadidos es otra alternativa que podemos usar en batidos, yogures, postres e incluso para simular la clásica leche con chocolate. Si este porcentaje se nos hace muy amargo al empezar, podemos comenzar con porcentajes menores, hasta llegar poco a poco al menos a un porcentaje del 75-80 %, así iremos adquiriendo paulatinamente el gusto y reeducando nuestro paladar.

Cereales de desayuno: La alternativa saludable son los copos de avena, los de quinoa o centeno y maíz o arroz inflado. Las opciones que solemos encontrar en el supermercado son muy altas en azúcares simples/añadidos, por lo que lo mejor será encontrar alguna marca que no contenga este tipo de ingrediente o incluso podemos hacerlos nosotros mismos con ingredientes de calidad que tengamos en casa. Una buena mezcla puede llevar la base de cereal (avena, quinoa o maíz), frutos secos, semillas y alguna fruta deshidratada. Podemos preparar grandes cantidades y almacenarlas, durarán al menos un mes o dos (dependiendo de lo que le hayamos añadido a la mezcla, claro).

Especias, hierbas y condimentos: Podéis usar los que queráis, no hay ningún problema con ellos y son excelentes recursos para variar nuestros platos sin tener que utilizar tanta sal. Yo suelo usar orégano, perejil, cilantro, pimienta, canela (me apasiona), laurel, comino, curri, nuez moscada, esencia de vainilla y pimentón picante. Las posibilidades son tremendamente amplias y podemos adaptarlas a cada plato.

Vinagre: Cualquiera puede servir, el de Módena, de Jerez, o el de manzana. Siempre debemos evitar, eso sí, que tengan azúcar, ya que a veces se agrega al vinagre para dar espesor (sí, por desgracia prácticamente se agrega azúcar a todo). El vinagre es, además, un excelente recurso para limpiar las verduras. Si añadimos un poco cuando aclaramos las verduras y frutas que queramos limpiar, este proceso se hará de manera más eficiente, sin tener que usar líquidos que no sean naturales. Algunos estudios demuestran que los vinagres incluso inhiben los pesticidas o herbicidas que puedan traer algunos de estos productos frescos.

Aceite: La mejor opción es el aceite de oliva virgen extra, hasta para cocinar. Surge la duda con el aceite de coco y, aunque es una buena opción, lo cierto es que no llega a ser de tan buena calidad como el de oliva y tampoco suele ser sostenible en España. Es cierto que el aceite de coco puede soportar temperaturas más altas que el de oliva y que tarda más en llegar al punto de humo, pero el aceite de oliva tiene un perfil graso muy superior en calidad frente al de coco. Lo que desaconsejaría de plano sería el uso de aceites vegetales (como los de maíz) o las mezclas de ellos, que usualmente son aceites ultrarrefinados. Lo mismo ocurre con la margarina; es un producto con grasas de mala calidad, por lo que es mil veces mejor optar por una mantequilla de calidad.

Fruta deshidratada: Debemos leer el etiquetado, ya que a muchas de ellas suelen añadirles azúcares y aceites vegetales, y esto no nos aporta nada, más bien echa a la basura las propiedades de la fruta deshidratada como tal. Entre este tipo de frutas existe una gran variedad: pasas, arándanos deshidratados, higos, orejones…, que son un excelente aporte de vitaminas y minerales. Puede que tengan concentraciones más elevadas de fructosa (azúcar natural), pero no tendrán azúcar simple.

Semillas: En este grupo se incluye el sésamo, la chía, el lino, las semillas de girasol y las de calabaza, entre otras. A pesar de ser pequeñas, tienen propiedades muy interesantes. Podemos añadirlas en ensaladas, salteados de verduras o en nuestro desayuno. Lo mejor es triturarlas, remojarlas o comprarlas tostadas para poder aprovechar bien sus nutrientes. Con estas técnicas culinarias los nutrientes se vuelven más disponibles para nuestro organismo, de manera que es más fácil digerirlos.

Embutidos o fiambres: La OMS se posicionó en 2015 sobre el consumo de estos productos, recomendando evitarlos siempre que fuera posible, sobre todo por el riesgo de presentar cáncer si se consumen de manera frecuente. La cuestión es que aunque pensamos que son simples carnes de pavo, cerdo o pollo, la realidad es que son una mezcla de diferentes tipos de carnes, y lo malo de esto es que pueden llegar a tener un 40-45 % de carne, pero el resto son almidones, proteínas vegetales, azúcar, siropes, jarabes y agua. Es decir, productos ultraprocesados. Mejor va a ser siempre optar por un jamón ibérico de calidad, pero consumirlo de forma esporádica. Ninguno de estos productos debe formar parte de nuestra alimentación habitual.

Pondré un ejemplo: los «fiambres de pavo natural», la clásica comida utilizada en dietas de pérdida de peso. Pues resulta que tienen un 45 % de pavo. Y el resto, ¿qué es? Relleno para dar textura y sabor.

Muchas veces podremos pedir en la charcutería un corte que sea de mejor calidad o acudir a alguna tienda especializada para poder encontrar un corte o una variedad mejor. Sin embargo, no siempre en la charcutería nos pueden asegurar que el jamón o fiambre que ahí se sirve vaya a ser de calidad o no tendrá esos rellenos. Si podemos leer los ingredientes y nos damos cuenta de que al menos nos aseguran un 85 %

de carne, entonces sí estaremos tranquilos sabiendo que estamos comprando algo «de verdad».

Refrescos y zumos industriales: Ninguno de ellos es aconsejable, ni siquiera si son *light* o *zero*. Lo mismo ocurre con el alcohol. Cuanto menos, mejor. Podemos sustituir siempre este tipo de bebidas por batidos de fruta caseros (donde se preserve la pulpa de la fruta), agua con gas, agua con limón o hierbabuena, aguas infusionadas o refrescos caseros, café, tés o infusiones frías o calientes.

La lista vegetariana

Cuando estamos empezando con este estilo de vida encontramos muchos productos interesantes. Algunos son de buena calidad, otros no. **Recomiendo, al comenzar, sustituir las carnes o pescados de tus platos favoritos por proteínas vegetales** como lentejas, garbanzos, frijoles, soja, tofu o hamburguesas vegetarianas caseras.

Por ejemplo, si os encanta la hamburguesa, probad a hacerla en casa con legumbres o con diferentes sustitutos de carnes vegetales. Si os apasiona la pasta con salsa boloñesa, sustituid la carne picada por lentejas o haced albóndigas de soja texturizada, y así con todas las recetas. Casi todas se pueden veganizar o vegetarianizar.

Veréis que es fácil y podréis ir acostumbrándoos a los nuevos sabores y texturas que vais a encontrar. Además, podréis ir probando con diferentes condimentos y veréis que gracias a esto muchos alimentos sabrán de un modo muy similar a las proteínas animales (porque realmente nadie come pollo o carne sin condimentar).

En este caso, debemos ir estudiando las opciones de que disponemos y viendo qué es lo que realmente necesitamos para tener una lista de la compra vegetariana o vegana saludable, por lo que ahora voy a hablaros de **algunos temas concretos, preguntas comunes y recomendaciones en general sobre este estilo de alimentación.**

No todo lo que diga vegano o vegetariano es necesariamente saludable.

Con esto quiero decir que, aunque veamos una salchicha vegana, no significa que esté elaborada con materia prima de calidad. Existen también procesados vegetarianos o veganos que, aunque no tengan proteína o grasa animal, pueden resultar igual de malos para nuestra salud que un procesado normal como el ya citado fiambre de pavo.

Con la excusa de ser *veggie friendly*, muchas marcas nos venden productos cuya composición no nos conviene en absoluto solo por llamar nuestra atención y adentrarse en el mercado vegetariano. Me he encontrado con personas que llevan este estilo de nutrición alimentándose a base de salchichas, hamburguesas, pasta, tomate frito y precocinados. **Sí, están libres de productos animales, pero no son saludables en absoluto.**

Una dieta vegana solo debería llevar fruta, verdura, legumbre, grasas de buena calidad y cereales integrales o de grano entero. Esos sustitutos son para ocasiones especiales en las que nos apetezca cambiar un poco nuestra rutina y disfrutar de algún capricho en concreto.

La soja texturizada, el seitán, el tofu, el miso y el *tempeh* no entran dentro de esta categoría. **Son materia prima pura y no vienen procesados** a menos de que así se indique en el envoltorio.

La soja texturizada, o proteína vegetal, es simplemente soja deshidratada a base de harina de soja que se texturiza para conseguir una textura bastante fácil de masticar y que se pueda amoldar a varias preparaciones. Tiene una cantidad de proteína bastante alta, y de excelente calidad, porque contiene todos los aminoácidos esenciales; además, se puede usar para hacer albóndigas, carne picada como boloñesa o tacos, entre otros. Es muy barata y actualmente se consigue en casi todos los supermercados o mercados.

El tofu, otro derivado de la soja, es un preparado con semillas de soja, agua y solidificante o coagulante, nada más. Puede parecer insípido al principio, pero si lo preparamos con condimentos y salsas, absorberá todo su sabor. Es igual que la soja texturizada, alto en proteína de buena calidad. Se puede hacer a la plancha, se puede cocinar como filete, se puede añadir a cualquier salsa o preparación en general y hasta se puede preparar de manera que parezca huevo revuelto, es muy versátil.

El *tempeh*, otro derivado, es simplemente soja fermentada. Solemos encontrarlo en salsas, marinado o solo. También puede haber *tempeh* de garbanzos, que es igual de rico y de proteico. Se trata de una opción excelente para esas personas a las que la soja les siente mal, porque debido a la fermentación se suele digerir y absorber mucho mejor por el intestino.

El miso es un producto más que puede ir en vuestra lista; se trata de un condimento que parece una especie de pasta viscosa. Está hecho con semillas de soja y sal marina fermentada. Podemos prepararlo en sopas, para hacer algún paté o salsa e incluso puede dar cuerpo a algún plato principal; todo es cuestión de aplicar creatividad.

El seitán es otro producto que, aunque no es derivado de la soja, se está viendo bastante en los mercados actuales. Es realmente un preparado a base de gluten de trigo. Tampoco está mal adquirirlo de vez en cuando, porque no es un procesado de mala calidad. Sin embargo, al compararlo con las legumbres y los derivados de la soja, no tiene nada que ver en proteína. La calidad del seitán es mucho menor que el resto, por lo que lo mejor es comerlo de forma muy ocasional.

Ahora bien, ¿tenéis que comer de todo eso?

En absoluto. Os presento estas opciones para que tengáis mucha variedad donde escoger y para que sepáis qué productos podéis comprar preferiblemente, sobre todo guiándoos por sus propiedades nutricionales.

Porque, sinceramente, **con legumbres, frutos secos y cereales podemos cubrir todos nuestros requerimientos, tanto proteicos como de hierro, calcio y fibra,** y no necesitaríamos derivados de la soja o productos como el seitán. Lo que sucede es que se trata de materias primas con las que podemos contar para variar un poco.

Nuestra alimentación no tiene que estar basada en productos extraños de los cuales nunca habíamos escuchado hablar, pero no está de más saber con qué recursos contamos actualmente y que podemos ubicarlos fácilmente en varias repisas de herbolarios o mercados cercanos.

Las legumbres de bote son tus nuevas mejores amigas

Existen algunos «procesados» que sí pueden ser beneficiosos, y las legumbres de bote forman parte de ellos. Muchas veces tenemos miedo del líquido en el que pueden venir, pero si vemos los ingredientes nos encontraremos con agua, sal y antioxidante, nada más.

Estos botes nos van a permitir contar con legumbres rápidamente, sin tener que cocinarlas o sin tener que hacer muchas preparaciones distintas con ellas para poder consumirlas. Además, duran bastante y podemos preparar un plato en menos de cinco minutos si las tenemos en nuestra despensa de forma permanente.

¿Qué son las «leches» vegetales?

Oficialmente se deberían llamar «bebidas vegetales», y hay un montón. Particularmente, **la de soja es la mejor,** desde mi punto de vista, por lo que hemos comentado previamente de su componente proteico. Sin embargo, actualmente existe una gran gama:

- **La bebida de cáñamo,** que también tiene proteína completa (posee todos los aminoácidos esenciales). Una sola porción de leche de cáñamo (un vaso) proporciona la ingesta recomendada de grasas omega 3 de todo un día, pero realmente no es tan común como la de soja y el omega 3 lo podemos conseguir en nueces, cáñamo en semilla, chía y lino.
- **La bebida de almendras** tiende a ser más baja en calorías y azúcar que las demás, sin embargo, es raro conseguir una marca que tenga un porcentaje mayor al 2 % de almendras, por lo que no vale mucho la pena consumirla a menos de que se elabore en casa.
- **La bebida de arroz** es la más baja en proteínas y tiende a ser la más alta en azúcar.
- **La bebida de avena** proporciona fibra y proteína, pero es de las que más azúcar y almidones contiene.

Sustitutos de mantequilla y quesos

La margarina es muy popular incluso fuera del mundo vegano, pero se suele fabricar con aceites refinados. Aunque se utilice para ello un aceite de calidad, es probable que lleve tanto procesamiento que la grasa perderá la mayor parte de aporte de calidad. Lo mejor en estos casos es utilizarla de forma muy esporádica y dar preferencia al aguacate o a las cremas de frutos secos.

Con los **quesos veganos** ocurre lo mismo: no vamos a encontrar mucha calidad en sus ingredientes, por lo que lo mejor será no usarlos como rutina. En caso de querer comprar alguno mejor buscar los que tengan base de frutos secos o de soja, y que no sean grasa pura, como los que se fabrican a partir de coco. Los que tengan frutos secos serán más altos en proteína y calcio.

Resumen

¿Qué llevaría una lista de compra vegana/vegetariana básica?

- Fruta.
- Verdura.
- Legumbres.
- Aguacate, aceite de oliva y frutos secos.
- Cereales.
- Algún sustituto de la carne.

Es decir, casi lo mismo que llevaría una lista omnívora saludable, como ya vimos antes, nada muy complicado ni extraño, con alimentos de toda la vida.

La lista *millennial*

El término «*millennial*», «generación *millennials*», o «generación Y» es una expresión muy moderna que se refiere, sobre todo, a **generaciones nacidas a principios de los años noventa**. En esta lista quiero incluir, por tanto, **todos los productos modernos y que son tendencia de nuestra época.**

Los alimentos exóticos suelen ser más caros. No es lo mismo una mermelada que una mermelada «casera»; una pasta al huevo que unas pastas «artesanales» o de lentejas y espelta; un yogur que un yogur «eco» o «bío»; unos huevos que unos huevos «tradicionales»... Y aunque todo esto esté muy de moda, **no lo necesitamos ni vale la pena gastarse un dineral en ello.**

Es cierto que ha crecido la **conciencia de compra** recientemente, y eso es un sueño. Sin embargo, las empresas lo saben; si no los refrescos no estarían tratando de hacerse más «verdes» o los restaurantes de comida rápida no ofrecerían opciones «de la granja» ni querrían dar a conocer cómo son sus procesos de agricultura y ganadería.

Esto está bien, está genial realmente, pero muchas veces nos dejamos llevar por esta etiqueta moderna que **no significa absolutamente nada** y que realmente puede que usen para vendernos incluso el mismo producto que antes pero con un nombre más bonito.

Además, en esta era de los «superalimentos», todo parece tener que ver con ellos: si no consumes espirulina, no estás en la onda, si no usas chía, bayas de goji, maca o açaí no tendrás beneficios ni serás saludable.

Pues no, nada que ver.

Ya os habéis dado cuenta de que las listas básicas de la compra, tanto omnívoras como vegetarianas, contienen esencialmente productos de toda la vida. Entonces, para no complicarnos con estas nuevas tendencias que parecen reinar en las redes sociales y en los medios de comunicación, y que hasta las marcas de siempre han querido producir, os explico un poco qué deberíamos tener en cuenta:

La chía es el lino de toda la vida

Así va a pasar con casi todos los superalimentos que anuncian actualmente en cualquier medio de comunicación. El concepto del «superalimento» es muy popular en lo que respecta a la comida y la salud, los medios afirman que reflejan la última evidencia científica y nos aseguran que comer estos alimentos dará a nuestros cuerpos una maravilla de dosis de salud que necesitamos para evitar la enfermedad y el envejecimiento.

Vayamos a la realidad: el uso del término *superfoods* o «superalimentos» se registró a principios del siglo XX, pero se volvió popular hace poco. Si buscamos en Internet la palabra «superalimento», nos encontramos unos diez millones de resultados (sobre todo de blogs de salud y nutrición y periódicos y revistas *online*, ah, y proveedores de suplementos dietéticos… ¿Casualmente?).

Sin embargo, **no existe una definición oficial o legal de superalimento.** El diccionario Oxford describe un superalimento como «un alimento rico en nutrientes considerado especialmente beneficioso para la salud y el bienestar», mientras que el diccionario Merriam-Webster omite cualquier referencia a la salud y lo define como «un supernutriente» –comida abundante, cargada de vitaminas, minerales, fibra, antioxidantes o fitonutrientes.

En términos generales, al hablar de superalimentos nos estaríamos refiriendo a alimentos (especialmente frutas y verduras) cuyo contenido de nutrientes confiere un supuesto beneficio de salud superior al de otros alimentos.

Pero para distinguir la verdad de la exageración es importante ver **qué evidencia científica hay detrás de esto:**

- **Los arándanos** son uno de los superalimentos más populares y conocidos que se han puesto de moda recientemente. Se ha visto que las altas concentraciones de antioxidantes que estos tienen inhiben el crecimiento de células cancerígenas, pueden ayudar a mejorar la memoria y retrasan procesos de envejecimiento, entre otras cosas.

  Los antioxidantes son moléculas que protegen las células del cuerpo de los radicales libres, que vienen de fuentes como el humo de los cigarrillos, la contaminación o el alcohol y que también pueden producirse naturalmente en el cuerpo. Demasiados radicales libres pueden producir estrés oxidativo, que, a su vez, causa daño celular, el cual puede conducir a enfermedades relacionadas con la edad como cáncer, diabetes y enfermedades del corazón.

- Otras frutas que han recibido el estatus de superalimento son **el açaí** y **las bayas de goji**: la pulpa de la fruta de las bayas de açaí, y también las de goji, ha demostrado tener grandes propiedades antioxidantes, aunque los beneficios potenciales para la salud aún no se han confirmado en humanos.

- De forma parecida se ha afirmado que **el cacao** reduce el riesgo a sufrir enfermedades cardiovasculares. Se cree que esto ocurre por un compuesto llamado flavonoide.

- Por último, **la espirulina**, una microalga, incluso es realmente una bacteria, contiene grandes cantidades de proteína y hierro y, además, puede estimular altos niveles de energía.

Estos son solo algunos de los muchos ejemplos que se han analizado y, a primera vista, parece que sí, da la impresión de que usar estos alimentos es fundamental por sus grandes y mágicas propiedades porque, en efecto, se ha demostrado por la ciencia que los nutrientes en estos alimentos son promotores de salud.

Pero si lo vemos más de cerca se revela la dificultad de aplicar estos estudios a las dietas reales que tenemos que llevar en nuestra cotidianidad. Esto se debe a que **las condiciones bajo las cuales se estudian los alimentos son muy diferentes, casi siempre, a la forma en que estos alimentos son normalmente consumidos por nosotros en nuestro día a día.**

Un aspecto interesante es que se utilizan niveles muy altos de nutrientes en todos los estudios. Por lo general, estos niveles **no son fáciles de alcanzar en el contexto de una dieta normal**, lo que significa que necesitaríamos consumirlos muy a menudo y en grandes cantidades para de verdad aprovechar sus beneficios en nuestra salud.

La investigación de sus efectos en seres humanos es una tarea compleja: nuestras dietas, genes y estilos de vida varían de persona a persona, **lo que dificulta el estudio del impacto de los nutrientes en la salud individual**. Además, muchos investigadores se encargan de experimentar con los alimentos en forma aislada y, ya que normalmente nosotros consumimos alimentos de manera combinada, seleccionar un solo alimento para su estudio **no refleja el consumo real**.

Hay evidencias que sugieren que incluso, en algunos casos, **el consumo de ciertos alimentos en conjunto puede aumentar la capacidad del cuerpo para absorber nutrientes**. Es el clásico ejemplo de la vitamina C y el hierro: el hierro se absorbe mejor si lo combinamos con un alimento fuente de vitamina C. Entonces, si esto es así, realmente el beneficio de ciertos alimentos en relación con nuestra salud tendría que tender más hacia disfrutar de una dieta variada con alimentos de calidad en lugar de enfocarnos únicamente en uno solo o en un puñado de superalimentos.

En fin, la idea de que los alimentos tengan beneficios fantásticos para la salud es atractiva, suena ideal, pero **no es realista esperar que un grupo de «superalimentos» sea lo único que nos va a servir para mejorar nuestra salud**.

De hecho, esta tendencia parece provocar la impresión de que otros alimentos en nuestras dietas no son tan saludables o especiales cuando, en realidad, a menudo proporcionan nutrientes tan (o más) valiosos como los que se encuentran en los llamados «superalimentos».

Las zanahorias, las manzanas y las cebollas, por ejemplo, están repletas de nutrientes que promueven la salud, como el betacaroteno, la fibra y la quercetina flavonoide.

Por otra parte, los productos integrales ricos en almidón a base de cereales, como **el pan, el arroz y la pasta**, también tienen un alto contenido dietético de fibra.

El lino y las nueces, por su parte, muchos más baratos y fáciles de encontrar que la chía, nos aportan la misma cantidad de omega 3. Lo mismo ocurre con los arándanos y las bayas: hay un millón de frutas y verduras más que nos pueden aportar los mismos antioxidantes, son más baratos y están más disponibles en nuestros lugares de compra, lo que significa que podemos consumirlos en cantidades más grandes y de forma regular para aprovechar al máximo su contenido de nutrientes de un modo mucho más fácil y económico. Las comidas de toda la vida deberían estar de moda, son lo más útil que hay en este mundo. Las abuelas lo saben.

Los millennials *estamos estresados y no podemos pensar en comer bien*

Falso. Esta generación se ha dado a conocer como generación rápida, pragmática, e incluso hay artículos donde unas de las características que se nos adjudican es la de odiar hacer la compra.

Este enunciado me parece totalmente incomprensible, y os demostraré con cuánta facilidad puede llevarse un estilo de vida *millennial* sin tener que odiar ir al mercado. Sobre todo porque tenemos fama de comer siempre fuera de casa y de nunca pisar tiendas de alimentación.

Es cierto que los economistas y los estudios más recientes demuestran que los *millennials* estamos dedicando más dinero a nuestros gastos en restaurantes y bares, pero no es un cambio sin precedentes, pues se ha encontrado que no solo las personas dentro de este grupo de edad están haciendo esto, sino que casi todos los compradores de hoy están yendo a restaurantes más a menudo, así como también están dividiendo sus compras entre varias tiendas en lugar de depender solamente de un supermercado o hipermercado.

En 2005, dos tercios de los consumidores en Estados Unidos dijeron que su supermercado local era su principal destino de compras, pero en 2016 menos de la mitad de los compradores lo hacen de ese modo. Los consumidores modernos parecen dividir la compra entre grandes mercados, tiendas especializadas (se vio que sobre todo para pan y café) y compras *online*.

Así pues, lo que parece ser una tendencia estrictamente *millennial* es, de hecho, **parte de un cambio cultural mucho más amplio.**

Por eso entraremos a analizar la modernidad de la lista de la compra *online*, de la cual, después de revisar varios artículos de expertos, os puedo aconsejar y comentar lo siguiente:

La compra online

Se suele asegurar que lo mejor para realizar este tipo de compra es encontrar un servicio de entrega de comida que esté cerca de nosotros. Si vivís en una ciudad grande, es probable que exista una cadena nacional de supermercados cerca de vosotros, con lo cual ya tenéis resuelta vuestra compra.

Sin embargo, **no es la única solución.** Actualmente hay servicios *online*, como Amazon, o incluso aplicaciones y páginas web como Lola Market que nos permiten escoger productos de varios mercados distintos al mismo tiempo, haciendo que tengamos una gran variedad de alimento que llegue directamente a la puerta de nuestra casa.

Es cierto que puede existir un cargo por envío a domicilio, pero si hacemos una compra grande ese cargo seguramente se puede eliminar. Es cierto también que para comprar un solo producto en concreto este sistema no funciona, pero si no tenemos tiempo de visitar varios mercados, o si por trabajo o estudios nos cuesta compaginar la compra con los horarios de los mercados, estamos ante una herramienta muy útil.

¿PODEMOS AHORRAR DINERO CON ESTE SISTEMA?

Ya hemos visto cómo los supermercados hacen todo lo posible para engañarnos y que gastemos dinero sin pensarlo dos veces. Comprar por Internet puede representar una solución para evitar esto:

— No tendremos la constante exposición de productos que sean atractivos para nosotros (como la bendita galleta con chispitas de colores que hemos mencionado varias veces).

— No tendremos que pasar por todos los pasillos viendo cualquier cantidad de productos expuestos.

— Tampoco nos dejaremos manipular por las «ofertas» o raciones más grandes.

Comprar por Internet es mucho más directo, los precios están mejor marcados y, si tenéis una lista de la compra, podéis **localizar artículos específicos** directamente en el buscador, agregarlos al carrito, comprarlos y listo. Es una maravillosa solución para quien se sienta muy tentado por el atractivo, el olor y la experiencia sensorial que provocan los supermercados con ciertos productos.

Además, **los precios que se ofrecen por Internet son muy competitivos** en comparación con los precios de la tienda física, **se respetan más los precios** originales de los productos y muchos incluso ofrecen **cupones de descuento virtuales** que podemos aplicar al finalizar la compra.

Es incluso más fácil verificar cuál es el presupuesto total mientras vamos agregando productos al carrito: si este se nos va de las manos, podemos eliminar productos para ajustarlo. Es realmente una gran ventaja de esta época en la que vivimos.

¿QUÉ ES MÁS RECOMENDABLE COMPRAR POR INTERNET?
Lo primero es **probar el servicio de entrega**, algo que podemos hacer adquiriendo artículos simples y ligeros que sa-

bemos que el servicio de entrega no puede estropear. Por ejemplo:

– productos no perecederos,
– productos de limpieza y de higiene personal,
– algunos productos lácteos (leche, mantequilla, queso, yogur…) y
– alimentos congelados.

Son productos bastante difíciles de dañar. La mayoría vienen bien envasados y sellados y es raro que el repartidor o comprador personal tengan mucha dificultad para empaquetarlos o llevarlos adonde estemos. Hasta que no hayamos probado y establecido una buena relación con nuestro servicio de preferencia, no recomiendo comprar nada más.

¿QUÉ EVITAR COMPRAR POR INTERNET HASTA QUE SE DEMUESTRE LO CONTRARIO?

Yo os sugeriría **no comprar los alimentos en los que generalmente no pondríamos demasiada confianza en un sistema de entrega**, realmente al menos hasta que hayamos probado y veamos que el servicio nos gusta, tienen buena disponibilidad de productos y cuidan su mercancía.

Existen algunos productos sobre los que es posible que queramos mejor y mayor control personal y de calidad:

– carne, embutidos, pescado y mariscos,
– productos sin envasar y frescos y

—algunos productos lácteos más delicados (huevos, quesos más específicos o productos *gourmet*).

Básicamente se trata de productos perecederos con los que quizá no nos sintamos cómodos dejando que un extraño escoja por nosotros, especialmente si nunca hemos pedido nada *online* y no conocemos el servicio.

Realmente es una prueba de fuego, pero no hay manera más rápida de saber si repetiremos o no hasta que lleguen unas manzanas magulladas o casi a punto de dañarse, es decir, si llega a ocurrir algo que jamás nos habría sucedido de haber ido a la tienda.

Lo mismo se aplica a la carne y a los mariscos: si sois exigentes con el tamaño, peso, cortes, etcétera, es posible que tengáis algunas dificultades o dudas sobre cómo solicitar estos productos.

Sin embargo, personalmente he realizado bastantes compras *online* y muchas veces he recibido llamadas de un vendedor que buscaba asegurarse de que determinado producto cumpla con mis necesidades. La verdad es que es un recurso bastante útil.

Eso sí, **comprar alimentos por Internet nunca reemplazará los viajes al mercado, la interacción con los vendedores o probar o sentir los alimentos**, sobre todos los frescos. Creo que no podremos sustituir nunca esta experiencia, por más modernos o *millennials* que seamos.

Sin embargo, lo que puede hacer por nosotros es ayudarnos a gestionar mejor nuestro presupuesto y nuestro tiempo.

Si veis que puede ayudaros en este sentido, es probable que os resulte un sistema muy práctico, sobre todo en casos de emergencia.

La lista estudiantil

- Ramen.
- Bebidas energizantes.

¡Es broma!, pero eso parece ser lo que se nos ha hecho creer tanto en películas como en libros, medios de comunicación, etcétera. Parece imposible ser estudiante y comer bien, pero lo cierto es que con algunas sugerencias podemos haceros **ahorrar y conseguir que comáis de forma saludable** sin tener que salir del presupuesto estudiantil, llenándoos de energía para estudiar y sin obligaros a pasar tantas horas metidos en la cocina que podríais dedicar a repasar el ciclo de Krebs (este es un guiño dedicado a estudiantes de nutrición y medicina). Aquí van entonces:

Aprovechad las sobras. Son vuestra nueva religión

Las verduras cocidas se pueden volver a usar en tortilla, cremas, sopas o en puré. Si ha sobrado poca cantidad, podéis agregarlas a una tortilla de patatas. Los purés admiten una gran variedad de verdura, así que siempre podéis juntar las sobras de verdura con otras verduras frescas y con patatas para después cocerlas, triturarlas o comerlas como os apetezca.

Los pescados azules fritos o asados se pueden poner en escabeche o hacer en albóndigas o hamburguesas. Incluso para rellenos de croquetas al horno, asadas o en salsas, patés o purés.

El pan es uno de los alimentos que más tiramos, pero hay muchas opciones para aprovecharlo aparte del pan rallado. La versión más clásica es hacerlo así para empanar (podemos cocinarlo al horno, no tenemos que freír todos los empanados) o usarlo remojado en leche o bebida vegetal para elaborar albóndigas, hamburguesas o filetes. En verano podemos añadirlo a un gazpacho o a un salmorejo; en invierno, a sopas y cremas.

Las legumbres siempre se pueden congelar. Los garbanzos los podemos mezclar con tomate o cualquier otra verdura que incluso también nos haya sobrado. Se pueden, además, añadir en albóndigas, triturarlos en humus (garbanzos, aceite de oliva, limón y comino), convertirlas en hamburguesas, hacerlas puré, usarlas para rellenar croquetas, en estofados o en alguna otra crema o sopa.

La **pasta** y el **arroz** se pueden congelar en caso de que sobren y guardar para otra vez. Aunque la textura se resiente algo, quedan bastante bien conservados a nivel nutricional. Es mejor echarlos en agua hirviendo para descongelar o dejar que se descongelen de manera natural.

Para **conservar, guardar y consumir sobras** de manera más segura y saludable aquí tenéis algunos consejos:

- Si os sobran muchos alimentos y no sabéis qué hacer con ellos, **congeladlos en porciones pequeñas.** Casi todo es apto para congelar y puede durar bastante tiempo en el congelador. También es probable que si siempre os sobran alimentos, es que estáis calculando mal las proporciones, y eso es algo que debéis revisar en caso de que sea muy frecuente.
- **No recalentéis todo el bote de sobras de una vez,** sacad y calentad específicamente solo lo que vayáis a consumir en ese momento; de esta forma se conservarán mejor los sabores, las propiedades nutricionales y la textura de cada producto.
- **La fruta algo estropeada se puede limpiar y utilizar en macedonia o en helado de fruta casero.** Con los plátanos que están a punto de dañarse o que están muy marrones, lo mejor es picarlos en trocitos, congelar y, tras dos horas, se llevan a la batidora. Simplemente con batirlos ya quedará una textura supercremosa que hace el mejor helado natural y sin azúcar añadido.
- Si vais a comprar **precocinados, empaquetados o botes de alimento**, que sean de calidad. Podéis tener a mano conservas de pescado, botes de legumbre, ensaladas de

bolsa, fruta cortada y picada, vegetales, legumbres, pescado y fruta congelada, hasta tarrinas de arroz y quinoa que vienen ya listas. Existe una gran variedad donde escoger.

El mito de la pizza congelada

Usualmente creemos que la *pizza* preparada o que la pasta ya lista es lo más rápido y fácil. Sin embargo, y lo digo por experiencia, podemos tardar hasta veinte o treinta minutos haciendo cualquiera de esas preparaciones, mientras que abriendo un bote de garbanzos y una ensalada de bolsa podemos tardar cinco minutos, o diez si nos cuesta mucho abrir el bote... **Esa es la verdadera comida rápida.**

Como debéis estudiar hasta tarde, ahorrar la mayor cantidad de tiempo posible y rendir bien mientras estudiáis, todo a la vez, realmente tener una buena alimentación es fundamental (y, desde mi perspectiva, una de las cosas más importantes), por lo que la *pizza* congelada no será jamás una buena opción, por más «rápida» que pueda resultaros.

Si la cocina no es vuestro fuerte, convertíos en un máster del microondas

No solo los *nuggets* y las lasañas congeladas son aptas para micro, gracias a este moderno aparato podemos hacer hasta patata cocida en cinco minutos. Están a nuestra disposición bolsas de verdura para hacer al micro, guisantes, arroz integral o avena, y es que podemos cocinar hasta un huevo cocido o una patata y un boniato (si condimentamos bien y los cortamos para que se cocinen suficientemente, quedan riquísimos).

También hay sopas de brik o en botes de vidrio que, aunque nunca serán igual que la sopa de casa o de nuestra madre, muchas sí que tienen ingredientes de calidad; lo importante es fijarnos en los ingredientes y ver que tengan productos de verdad.

Otras ideas

- Buscad **cupones de descuento** o preguntad si vuestra universidad tiene algún convenio con algún mercado donde se ofrezcan **descuentos para estudiantes**. Es asombrosa la cantidad de dinero que podéis ahorrar si aprovecháis este tipo de ventajas.

- Otra idea es **ir a comprar a ciertas horas**, solamente porque hay momentos del día donde los mercados quieren/deben deshacerse de ciertos productos que tienen que tirar antes de que acabe la jornada, y puede que a última hora podáis aprovechar para comprar artículos muy baratos.

- También en algunos herbolarios o tiendas especializadas suelen hacer esto con **productos que se acercan a su fecha de caducidad**. No están malos ni dañados, pero deben consumirse pronto, y eso hace que sus precios bajen, lo cual puede ser una ventaja cuando tenemos un presupuesto ajustado.

- La manera de ahorrar también a la hora de hacer la compra es **aprovechar los productos de marca blanca**. Muchos productos, a nivel de composición, son exactamente lo mismo, o incluso mejores, solo que el mercado lo vende a un producto menor para que compremos su marca propia en vez de cualquier otra que sea la competencia. Incluso conozco algunas marcas comerciales que comercian con su materia prima para ser empleada por la marca blanca.

Evitad las bebidas energéticas

Consumid alimentos densos en energía, o incluso haced vuestra propia bebida energética, pero no toméis las que venden en los supermercados. Estas contienen una cantidad de azúcar absurda, y no solo provocan picos de energía y de azúcar, sino que **no aportan absolutamente nada a nivel nutricional**.

El consumo excesivo de bebidas energizantes y de la cafeína que estas traen puede provocar nerviosismo, irritabilidad, dolores de cabeza, náuseas e insomnio. Creo que como estudiantes querréis evitar esto a toda costa. Traen tanto azúcar como un refresco y, claro, pueden tener impacto en nuestro peso, además de ser deshidratantes.

Es mejor que uséis alimentos altos en energía, como los **frutos secos**, las **frutas deshidratadas**, los **dátiles**, la **fruta**, el **té** o el **café**. Son productos naturales y que no tienen impacto en nuestra salud si sabemos cuánto y cómo tomarlos. También podéis incluir alimentos o hierbas que se consideran energizantes, como la cúrcuma, frutas cítricas, pimienta roja, canela, chocolate negro o cacao y jengibre, entre otros.

Y aunque esto no sea algo que podáis agregar a una lista de la compra, el **ejercicio** siempre puede proporcionaros un extra de energía a lo largo del día. Eso, y el **descanso reparador**, claro.

Por supuesto que os podéis guiar por las otras listas y combinarlas para vuestra vida estudiantil, pero hay muchas cosas que quizá las otras listas no tienen, y es bueno identificar qué nos puede ayudar a sobrellevar un período de estrés y exigencia como esa época de estudio por la que casi todos hemos pasado.

La lista familiar

Esta es una lista con la que todavía no me identifico porque no tengo hijos, pero no significa que no pueda dar recomendaciones para estos casos.

Es muy fácil dejarse llevar por la publicidad engañosa a la hora de hacer la compra para toda la familia, en especial por la **gran cantidad de propaganda que nos invita a llenar la despensa** de galletas, bollos, rosquillas y similares para que los peques puedan disfrutar.

Sé que puede parecer raro porque la industria se ha encargado de hacernos creer que los peques tienen que comer diferente a nosotros, y que ellos sí pueden consumir chucherías sin ningún tipo de consecuencias, pero la verdad es que **los niños pueden, y deben, comer de la misma manera** que los adultos para que en el futuro no tengan problemas para formar hábitos saludables, no desarrollen enfermedades crónicas a largo plazo y, simplemente, tengan una buena relación con su alimentación. Por eso os sugiero a continuación algunos datos respecto a este tema:

Cuidado con las ofertas familiares

Los supermercados a menudo nos tientan con ofertas tipo 3 × 2, 2 × 1, *packs* familiares, «envases ahorro», un 20 % más gratis... Comprar este tipo de ofertas **no es la mejor manera de ahorrar, están diseñadas para promover más bien todo lo contrario.**

Muchas veces, y si no tenemos una familia numerosa, el resultado es que acabará gran cantidad de comida en la basura, porque compramos más de la que podemos consumir.

En estos casos sí que podemos aprovechar las tarjetas de descuento por tener familia e hijos o algunos cupones destinados para la compra de pañales o fórmulas infantiles, e incluso existen formularios que podemos completar cuando nos pregunten cuántos miembros hay en nuestra familia para que nos apliquen descuentos en nuestra compra.

Por eso, y de nuevo insisto, ir al mercado es lo mejor. Incluso si podemos **llevar a nuestros peques al mercado de productores** es probable que se lo pasen en grande: les gustará probar la fruta y verdura fresca, podrán entender de dónde salen algunos alimentos, se sentirán incluidos dentro de la dinámica familiar y hasta, si escogen alimentos ellos mismos, les apetecerá más consumirlos.

También es recomendable **incluirlos en el proceso de preparación de los alimentos**, así los involucramos en la elección de la comida del día y ellos se sienten parte de la experiencia culinaria en general, tendrán muchísima más disposición para probar cosas nuevas y querrán tomar un poco de lo que ellos mismos prepararon.

En estos casos, lo que sí puede servir a la hora de comprar y ahorrar en familia es la **compra de productos al mayor**. Se puede acudir a tiendas grandes o que están diseñadas para hostelería y restauración y comprar alimentos no perecederos. Por ejemplo, latas y conservas, copos de avena, alimentos congelados, condimentos, especias, hierbas, salsas, frutos secos, semillas, pasta, arroz, cereales y legumbres sin cocer, entre algunos otros alimentos. Todas estas opciones podemos conseguirlas al mayor, y puede que nos ahorren unas cuantas idas al mercado, sobre todo si tenemos una familia numerosa que necesita de un abastecimiento frecuente.

No cualquier producto etiquetado como «infantil» debería ser consumido por niños

Incluso hay algunos etiquetados y enunciados que van en contra de las recomendaciones de la OMS. Se ha visto en estudios que demuestran que los niños pueden tener un impacto de hasta el 80 % de lo que compramos, justo porque creemos que todo lo que diga: «para niños», «mi primer yogur o cereal», «avalado por especialistas» o que tenga simples dibujos y personajes que puedan atraerlos, es lo que más les conviene.

Ojalá fuera así y las empresas no utilizaran este tipo de gancho para atrapar a padres y niños. Sin embargo, nos encontramos con estos datos que pude encontrar en la Asociación de Psicología Americana:

- **La publicidad** creada por la industria alimentaria que está dirigida a niños y jóvenes se ha relacionado con el aumento de la obesidad infantil.
- La publicidad suele poner a las niñas y mujeres como objetos, contribuyendo a **la insatisfacción corporal, los trastornos alimentarios, la baja autoestima y la depresión.**
- Muchos adolescentes, especialmente las niñas, tienen **problemas de imagen corporal** y se involucran en **conductas de control de peso no saludables.**
- Se ha observado que **las conductas de control de peso no saludables**, por ejemplo, ayunar, saltarse comidas, comer muy poca comida, compensar con vómitos o usar pastillas para adelgazar, laxantes o diuréticos, **coexisten con la obesidad.**
- La parcialidad puede **marginar** a los niños y jóvenes considerados obesos por sus compañeros y docentes y ponerlos en riesgo de burla e intimidación.
- La insatisfacción corporal y las preocupaciones relacionadas con el peso se extienden a todos los grupos étnicos y se ha encontrado que **el estigma relacionado con el peso coincide con la depresión, la baja autoestima y con el pensamiento suicida.**

La publicidad puede hacer todo esto y más. Si nosotros, como padres, hermanos, amigos y familiares, lo permitimos y lo consentimos, es probable que siga pasando y siga siendo visto como normal por nuestra sociedad. Y que, por supuesto, se siga promoviendo y haciéndose más presente en nuestras vidas.

Es cierto que la publicidad no tiene la culpa de todo. Nuestra crianza, cultura, costumbres y educación familiar van a ser la parte esencial de las decisiones alimentarias de nuestros peques, pero **si no existe una buena educación nutricional en el ambiente donde nuestros niños crecen, la publicidad sí que puede tener un alto impacto en ellos**, incluso sin que nos demos cuenta.

Además del efecto psicológico que puede ocasionar, a nivel físico es otra historia más intensa todavía: los productos diseñados para un público infantil tienen **una composición altísima en azúcares añadidos y en grasas procesadas y de mala calidad** como el aceite de palma, jarabes y siropes, **y hasta un nivel muy elevado de sodio**.

No solo no estamos promoviendo una correcta salud para ellos, sino que estos productos les hacen querer más de ese tipo de alimentos y **nunca se adaptan al sabor natural de las cosas**.

Haced la prueba cuando reviséis una fórmula infantil de galletas, cereales de desayuno o bollería: todos contienen **ingredientes de pésima calidad** que se publicitan como si fueran imprescindibles en la alimentación de los niños. Incluso algunos están hasta avalados por algunas asociaciones de pediatría o de salud en general. Por este motivo os comentaba lo importante que es revisar los conflictos de intereses de una institución u organización.

La cuestión está en que somos consumidores desde que nacemos y **los niños son uno de los objetivos más importantes de las marcas comerciales.** Las compañías quieren conectar con ellos y con sus padres para venderles sus productos, y nosotros podemos ser el cambio para que estas empresas y gobiernos se den cuenta de que no deberían dirigirse a este público de la manera en que lo hacen actualmente. Nuestro consumo es poder.

¿Esto significa que mi peque no puede comer ni una sola galleta más?

En absoluto. Prohibir un tipo de alimento, sobre todo siendo estos tan populares en nuestra sociedad, en colegios y fiestas infantiles, es irreal, solamente hará que nuestros niños tengan la necesidad de comerlos con más ímpetu. Lo que debemos hacer es no tenerlos en casa a la vista de forma constante, limitar las porciones, negociar con ellos y **hacerles saber que deben comer igual que los demás miembros de la casa.**

Con el ejemplo familiar esto se puede demostrar, pero también es vital **no recompensar a los niños con alimentos de ninguna forma.** Podéis utilizar otros métodos, como salir de paseo, crear un sistema de recompensas con dibujos o pegatinas o invitar a un amigo a casa, pero **nunca** debéis usar la comida como refuerzo positivo.

De esta manera evitamos que el peque quiera comer este tipo de alimentos superfluos de forma constante para sentirse bien y promovemos que empiece a desarrollar desde bien temprano una correcta y saludable relación con su alimentación.

¿No puedo comprar fórmulas o papillas de bebé?

Sí, claro que puedes. Es la única oferta actual que existe y las marcas que están cambiando sus ingredientes o teniendo una opción más saludable pueden ser más caras, aunque por ahora no queda otra que adaptarnos a lo que hay.

Sin embargo, en caso de querer o tener que darle papillas industrializadas o cereales procesados al peque, **lo mejor es prepararlo nosotros mismos en casa.** Ahorraremos dinero y podremos hacerlas a nuestro gusto. Tenemos cereales, como copos de avena con leche o bebida vegetal, y para papillas disponemos de cremas de frutos secos, purés de verdura, compotas de fruta casera, guisos de verdura que podemos acompañar siempre de alimentos proteicos como carnes, pescado o tofu, entre otros.

Puede sonar más complicado que comprarlas directamente, pero os prometo que os dará seguridad, vuestro peque crecerá de manera sana y podréis controlar lo que lleva de verdad su comida en esta etapa tan importante de su crecimiento. Incluso, de esta manera, también nos motivamos a comer todos de manera sana en casa y podemos unirnos a este movimiento sin que sea solo un miembro de la familia el único que lo realice. En la unión está la fuerza.

En conclusión, ¿qué debe llevar esta lista?

Todo lo que llevaría cualquiera de las otras que hemos visto. Tanto vegetariana, como vegana u omnívora. Los peques no tienen por qué comer distinto a nosotros, y eso debería empezar a cambiar a partir de ahora.

Las listas de los que saben

Para finalizar y daros una perspectiva (más bien una chuleta) de cómo hacemos la lista nosotros, los dietistas-nutricionistas, os dejo las respuestas de algunos de mis compañeros de profesión cuando les pregunté por los alimentos esenciales en su compra.

Lista de la compra de Arantza Muñoz, técnico superior en dietética, autora del blog Cómo ser vegano

Fruta fresca:
- plátanos (todo el año)
- fruta de temporada: melón, sandía y moras en **verano,** naranjas, mandarinas y kiwis en **invierno,** fresas y cerezas en **primavera**
- nectarinas y ciruelas rojas
- limas y limones para aliñar ensaladas

Verdura fresca:
- cebollas
- pimientos

- tomates (de pera para untar en pan o hacer salsas y de ensalada para comer crudo)
- zanahorias (todo el año)
- espinacas *baby* para ensaladas
- aguacates
- setas y champiñones (sobre todo Portobello y seta ostra)
- brócoli

Verdura congelada:
- espárragos
- judía verde
- setas congeladas

Cereales y tubérculos:
- boniato
- patata
- arroz integral
- pasta integral
- pan integral masa madre con semillas
- arroz arborio para *risottos*

Legumbres de bote:
- garbanzos
- alubias
- altramuces
- muy de vez en cuando, lentejas

Legumbres secas:
- lentejas

Legumbres congeladas:
- guisantes
- *edamame*

Derivados de legumbres:
- tofu y soja texturizada
- pasta de lentejas rojas
- yogures y bebida de soja sin azúcar

Frutos secos:
- nueces
- avellanas
- almendras
- anacardos
- cacahuetes

Semillas:
- chía
- sésamo
- lino
- cáñamo pelado

Otros:
- chocolate al 72 o al 85 %
- aceite de oliva virgen extra
- ¡café!

- sal yodada
- especias varias (¡demasiadas!)
- dátiles *medjoul*, de vez en cuando

***Lista de la compra de Laura Llorente**, dietista-nutricionista especializada en nutrición deportiva*

Frutas:
- plátano
- ciruelas
- peras

Verdura:
- ensaladas
- pimientos
- tomates
- lechuga
- berros
- canónigos

Otros:
- leche entera
- frutos secos
- yogur sin azúcar
- lentejas
- pechuga de pollo
- chocolate negro
- aceite de oliva
- arroz integral

Como veis, una lista es bastante larga y la otra bien precisa. Sin embargo, noté que ambas empiezan con frutas y verdura, tienen una variedad amplia de alimentos, no hay ningún grupo que no esté y, además, hay algunos alimentos que quizá no son considerados esenciales pero que pueden formar parte de una alimentación equilibrada (como el chocolate negro).

Sin duda se parecen a las listas que comentamos previamente, y todas, en resumen, tienen la misma premisa: **comer verdura y fruta, alimentos de calidad y reales.** Nada más.

ACTIVIDAD DE CIERRE

- **Búsqueda de mercados.** Ahora empieza lo bueno, os propongo buscar mercados que tengáis cerca de casa. Léase mercados y no supermercados. Explorad, hablad con la persona que os atiende, preguntad lo que necesitéis... Si queréis, podéis subir una foto con el *hashtag* #labuenanutricion para compartir los mercados con todos y que así sepamos exactamente adónde acudir en caso de que vivamos en las mismas ciudades.

ACTIVIDAD PARA LOS FRIKIS

- **Búsqueda de ingredientes y etiquetados que sean sospechosos.** Esta puede servir también para principiantes, pero antes de adentrarnos en el tema de los etiquetados os propongo buscar algunos que no entendáis o que, simplemente, creáis que están mal diseñados o cuya publicidad parece engañosa. De esta manera, y si los compartimos también con el *hashtag*, será muy fácil que lo conozcamos todo sobre ingredientes raros, compartamos qué opiniones tenemos al respecto y así nos ayudemos a hacer frente a una industria cuyo interés nunca es nuestra salud.

Epílogo
Desglosando el etiquetado

Aprender a leer etiquetas

Llegamos a la recta final para cerrar con un broche de oro. Ya tenemos casi todos los pasos listos para hacer una compra maestra. Lo único que falta es que a la hora de terminar el menú, la lista de la compra y llegar al mercado sepamos leer etiquetas de manera fácil y sin complicarnos mucho la vida.

Parece más difícil de lo que realmente es. La industria y las empresas no ayudan con esto, por eso os doy dos herramientas: **la lectura del etiquetado nutricional**, y la mejor: **la lectura de los ingredientes**. Sinceramente, creo que si leemos los ingredientes vamos a entender mucho más que si nos enfocamos en porcentajes, gramos y calorías.

Según la Agencia Española de Consumo, Seguridad Alimentaria y Nutrición (AECOSAN), la **información nutricional** de un alimento se refiere a su valor energético y a determinados nutrientes: grasas, grasas saturadas, hidratos de carbono, azúcares, proteínas y sal.

Ellos mismos explican que, aunque la información nutricional es obligatoria desde el 13 de diciembre de 2016, muchos productos ya la han incorporado de forma voluntaria de acuerdo con lo establecido en la normativa. Si se realiza una declaración nutricional o de propiedades saludables o bien se trata de alimentos enriquecidos, es obligatorio realizar la información nutricional de acuerdo con lo establecido en el reglamento sobre información alimentaria facilitada al consumidor.

La información nutricional obligatoria tendrá que incluir todo lo siguiente y en este orden:

- Valor energético (expresado en kilojulios –kJ– y kilocalorías –kcal–).
- Cantidades de grasas, grasas saturadas, hidratos de carbono, azúcares (podemos encontrarlo reflejado o escrito como: «de los cuales azúcares»), proteínas y sal (o sodio).
- Esta información también puede complementarse con la indicación de la cantidad de una, o varias, de las siguientes sustancias: grasas monoinsaturadas y poliinsaturadas, polialcoholes, almidón, fibra alimentaria, vitaminas y minerales (presentes en cantidades significativas). Sin embargo, estas ya **no son obligatorias**, se ponen cuando el fabricante quiere.

Es importante saber que la tabla de información nutricional es **una lista cerrada de valor energético (calorías) y de nu-**

trientes y que no puede completarse con ninguna otra información nutricional. Es decir, no hay otra manera de presentarnos toda esta información según las pautas que imponen los organismos que crean las leyes en esta materia.

También es interesante que sepáis que están exentos de tener un etiquetado o información nutricional los siguientes productos:

- productos que estén sin transformar o curados que incluyen un solo ingrediente,
- el agua,
- la sal,
- las especias,
- los tés,
- vinagres,
- aditivos alimentarios,
- bebidas con grado alcohólico volumétrico superior a 1,2 % y
- los alimentos en envases cuya superficie mayor es inferior a 25 cm² (como mermeladas o mantequillas de hostelería), entre otros.

Los alimentos no envasados también están exentos, pero puede darse de forma voluntaria limitándose al valor energético, o bien al valor energético y a la cantidad de grasas, grasas saturadas, azúcares y sal, y expresarse solo por porciones o por unidades de consumo.

Así pues, tras saber todo esto, la primera herramienta para poder descifrar será una que suelo dar bastante a mis pacientes:

Observemos primero las raciones

Cada ración será diferente dependiendo del producto y, a veces, estará dictada a conveniencia del fabricante. Debemos fijarnos en primer lugar en el tamaño de la **ración**, que se supone que es, según quien lo fabrique, la cantidad de producto que consumiría una persona promedio en un solo momento en concreto. A continuación, la etiqueta suele indicar la cantidad de raciones que contiene cada envase de ese producto.

Lo que podemos hacer con esto es comparar el tamaño de la ración que nos comemos con la que sale reflejada en la tabla de información nutricional del etiquetado. Si se supone que la ración son cien gramos pero nos comemos doscientos gramos, entonces tendríamos que multiplicar por dos la información de la tabla nutricional que aparece con cien gramos. Por esta razón no sabemos exactamente cuánto es la ración promedio, no sabemos si eso era lo recomendable para nosotros y no sabemos si nos excedimos realmente al consumir una ración mayor.

Por ejemplo, en un paquete de galletas la ración puede ser de tres galletas, y la información que aparezca ahí reflejada será con respecto a esas galletas, no al paquete completo ni tampoco a una sola galleta. Si nos comemos tres galletas, tendremos tantos gramos de grasa, de azúcar o de sodio, pero solo si nos comemos la ración que ellos sugieren.

En un zumo, en un refresco o en una bebida isotónica, por ejemplo, aparecerán las raciones como sale aquí en este ejemplo, pero **debemos ver el peso total y calcular cuánto de cada componente tiene realmente.**

En realidad, que las raciones aparezcan de esta manera en las etiquetas obedece a una **estrategia** para que pensemos que toda la botella contiene únicamente cien calorías, tres gramos de grasa y cinco gramos de azúcar (por poner un ejemplo) si lo vemos rápidamente o si no sabemos que realmente se divide en porciones, cuando realmente la botella completa contiene cuatro raciones y nos aporta cuatrocientas calorías, doce gramos de grasas y veinte gramos de azúcar. Es decir, el cuádruple de lo que aparece reflejado en el «tamaño de la porción» y en los componentes en general.

Toda esta información resulta confusa y no siempre es fácil de descifrar. Muchas veces, o casi siempre, a los fabricantes les interesa hablar de calorías por esta razón. No se entiende muy bien, puede prestarse a confusión y, si alguien realmente no saca el cálculo correcto, pensará que una botella completa de cuatrocientas calorías tenía solamente cien. Por esta razón considero que no tiene mucho sentido enfocarnos en estos números.

Guiémonos por los porcentajes de los valores diarios de referencia según cada país

Estos valores se supone que ayudan a evaluar cómo una comida en particular se ajusta a nuestro plan de comidas diarias. Los valores diarios, de referencia o, como se llaman en España, **ingestas dietéticas de referencia (IDR)**, son de dos mil calorías al día aproximadamente. Un alimento con un 5 % de IDR de grasa, por ejemplo, nos proporciona solamente un 2 % de las calorías diarias que necesitaríamos en el día (según la IDR, pero no vamos a tener todos la misma IDR, claro está, porque no es lo mismo un adulto sedentario que una persona joven activa y deportista).

Aquí se empieza a complicar más la cuestión, porque, como ya hemos visto en este libro, ninguno de nosotros vamos a compartir la misma IDR. Además, este tipo de materiales y etiquetados se enfocan mucho en las calorías y, sinceramente, como ya hemos aprendido (o eso espero), creo que se tienen que actualizar desde hace un tiempo, ya que no se trata de unidades o medidas reales ni prácticas para aplicar a una vida cotidiana o a un contexto de dieta saludable. Porque, honestamente, yo no quiero pasar el día contando calorías, sumando, restando o multiplicando para saber cuánto puedo comer de determinado producto.

Como dato curioso, os informo que para que un alimento sea considerado «ligero» o *light* tiene que aportar menos de cuarenta calorías por cada cien gramos, o, si es bebida, veinte calorías por cada cien mililitros. Para que un producto pueda decir (legalmente) «contenido reducido en calorías» o energía, tiene que contener un 30 % menos de calorías que el producto original con el que se compara. Por ejemplo, si vemos que un jamón normal y natural nos aporta cien calorías, el jamón reducido en calorías tiene que aportarnos un 30 % menos de calorías que el original.

Grasas

En cuanto a las grasas, siempre debemos ver la fuente. Lo mejor es evitar las grasas de tipo trans, y en cuanto a las saturadas y poliinsaturadas, las primeras deberían estar entre el 5-10 % de las calorías (7-14 g), las poliinsaturadas entre el 10-15 % (14-21 g) y las monoinsaturadas igualmente en un 10-15 %.

Si un producto es «**bajo en grasa**» de verdad, entonces por ley debería tener menos de tres gramos de grasa por cada cien gramos de alimento, y para que se considere «**sin grasa**» tiene que llevar menos de medio gramo por cien gramos de alimento.

Para que un alimento se considere «**bajo en grasas saturadas**» por ley debería tener menos de un gramo y medio por cada cien gramos de producto y no más del 10 % de las calorías totales.

Hidratos y azúcar (que vendría a ser una subcategoría dentro de los hidratos)

En este apartado se pueden considerar los almidones, azúcares y fibra dietética o alimentaria, pero no se tienen que reflejar todos, por lo que a veces puede haber confusión. El único ingrediente obligatorio que hay que declarar es el que dice «azúcar» o «de los cuales azúcares». El límite de azúcar simple (es decir, que no venga añadido) al día según la OMS es de un 5 %, o menos, de las calorías totales de nuestra dieta. Cinco gramos, más o menos (si fuera cero, mejor), como MÁXIMO al día. Hay productos que superan esta recomendación hasta en un 50 %.

El azúcar añadido podemos encontrarlo en: salsas de tomate, sopas, condimentos, cereales, galletas saladas o dulces, pan, mermeladas, bollería en general o zumos. ¿Cómo lo evitamos? Comprando alimentos no procesados o alimentos que no necesiten de etiquetas, es decir, **comida real**.

Un ejemplo claro de una confusión bastante común al leer el dato del azúcar es el del yogur natural: nos vamos a encontrar con un «de los cuales azúcares» con gramos reflejados. ¿Por qué? ¿No se supone que el yogur es natural y no trae azúcar añadido? Sí, pero en ese apartado también se reflejan los azúcares naturales del alimento. Entonces, como veremos un poco más adelante, en este caso, y sinceramente en todos los casos, **lo mejor es revisar los ingredientes**. Es la mejor herramienta: el origen de los alimentos, los contenidos, la materia prima como tal, se entenderá mucho mejor así.

Proteínas

Se deben declarar también, y con estas no suele haber mucho problema. Por ley, para que un alimento se considere como «**aporte proteico**», debe traer más del 12 % de la energía total (de las calorías), y para que sea un «**alto contenido proteico**» tendrá que aportar más del 20 %.

Sodio

En productos enlatados y en la mayoría de productos empaquetados o procesados hay bastante cantidad de sal/sodio/cloruro de sodio. Lo recomendado debería ser menos de cinco gramos de sal al día y menos de dos mil miligramos de sodio. Si la etiqueta dice «**reducido en sal**», no significa que sea bajo en sal, solo que tiene un 25 % de la sal que el producto original. Mi recomendación es que es mejor buscar aquellos productos que contengan unos 125 mg de sodio o menos.

Vitaminas y minerales

Son opcionales, pero se pueden reflejar solamente como fuente de vitaminas o minerales si el producto posee al menos un 15 % de las ingestas dietéticas de referencia (IDR). En caso de que el producto pueda proclamar que es «**alto**

en determinada vitamina o mineral», entonces tendrá que aportar al menos el 30 % de la IDR.

Ahora que vemos cómo se descifra el etiquetado, ¿qué os parece si nos olvidamos de todo esto? **¿No creéis que es complicado, agotador y poco real?**

Es cierto que los nutricionistas nos encargaríamos de ayudaros con este montón de cálculos, pero ¿y si quisiéramos hacerlo por nosotros mismos? Es aquí donde os recuerdo que hemos hablado hace poco de dos herramientas importantes para entender la información nutricional, y que la segunda sería la mejor. Es la siguiente:

Revisar los ingredientes

Ver los ingredientes puede ser mil veces más fácil que leer ese montón de porcentajes y gramos. Ya vemos que los valores que aparecen en los datos nutricionales no son lo más exactos según nuestra dieta y, aunque lo sean, no llegaremos a esa conclusión tan rápido a menos de que seamos genios matemáticos.

¿No es más fácil que al comprar arroz lo único a considerar sea que el ingrediente principal (o el único) sea arroz? Yo creo que sí. **El primer ingrediente de los productos es lo que más contiene ese producto.** Si compramos un cereal, galleta o pan cuyo primer ingrediente sea azúcar, eso es lo que más tiene el producto.

Si deseamos adquirir un pan integral, por ejemplo, y el primer ingrediente no es harina de trigo integral, o sí que la contiene pero a continuación se incluye la harina de trigo y el resto de ingredientes, entonces no es un pan integral de verdad. Debe contener harina de trigo integral o del grano del que esté fabricado y no otra harina procesada, o como extra después en la lista.

Otro ejemplo: si el producto asegura en una pegatina llamativa que es *fat free* o libre de grasas, es bastante probable que hayan reemplazado este contenido por otro ingrediente, como azúcar, sin ir más lejos.

Lo mismo ocurre al revés: se agregan más grasas cuando eliminan el azúcar del producto. En este caso, lo que tenemos que hacer es buscar siempre los productos que NO contengan azúcar o, al menos, **no** en los **tres** primeros ingredientes y, por supuesto, aunque suene como disco rayado, preferir comprar productos no procesados será la solución más rápida para esto.

En resumen:

- **Contenido reducido o *light*:** solo pueden denominarse así los productos que reduzcan el contenido de uno o más nutrientes en un 30 % en comparación con un producto similar de referencia.

- **Contenido bajo en calorías o con bajo valor energético:** para merecer esta denominación el producto en cuestión no debe tener más de 40 kcal/100 g si es un sólido o de 20 kcal/100 ml en líquidos.

- **Sin calorías:** son alimentos con menos de 4 kcal/100 ml.

Como vemos, no todos pueden presumir de ser *light*, aunque basta añadir esa denominación para pensar que el alimento en cuestión engorda poco, lo que casi nunca es verdad. Lo mejor, insisto, es plantearnos consumir la versión normal: más calórica, sí, pero seguramente más sabrosa y, a veces, también **más saludable** (azúcar en vez de edulcorante, grasas necesarias, etcétera) y **más saciante**, por lo que, debido a la denominación de producto *light*, es probable que comamos menos del producto original.

Por otra parte, **las versiones normales son más baratas que las *light*.** Es decir, que si en vez de comernos UNA galleta normal con azúcar, nos comemos tres o cuatro de las *light* porque «engordan menos», estamos haciendo una tontería.

Cómo nos esconden el azúcar

Con respecto al azúcar, os dejo una lista de ingredientes que quizá no delatan el «azúcar» como tal, pero que representan el mismo impacto metabólico que el azúcar y que están escondidas a simple vista (es decir, representan exactamente lo mismo cuando son digeridos por nuestro cuerpo):

Agave, azúcar de Barbados, azúcar castor, azúcar de coco, azúcar de palma de coco, azúcar crudo, azúcar de dátil, azúcar invertido, azúcar moreno, azúcar de palma, azúcar en polvo, azúcar de remolacha, azúcar de uva, caña de azúcar, cristales de jugo de caña de azúcar, caramelo, dextrina, dextrosa, fructosa, glucosa, jarabe de algarroba, jarabe de arroz, jarabe de maíz, jarabe de maíz alto en fructuosa, jarabe de malta, jarabe de malta de cebada, jarabe de arce, jugo de caña, jugo de caña deshidratado, jugo de caña evaporado, jugo de fruta, jugo de fruta de concentrado, malta de cebada, maltodextrina, maltosa, manosa, melaza, miel, miel de caña, muscovado, panela y sacarosa.

Así nos esconden el azúcar en muchos productos (casi el 80 % de los productos empaquetados, para ser exactos): usando hasta más de cuarenta denominaciones diferentes para un mismo producto, básicamente. Incluso he llegado a ver edulcorantes (sustitutos de azúcar sin calorías y aptas para pacientes con diabetes) cuyos ingredientes son más dextrosa que sacarina. Es decir, tienen azúcar, y más azúcar que el propio edulcorante que se anuncia en la portada. Increíble pero real.

Productos eco o bío

Otra duda que puede inquietarnos es la clasificación de productos «eco», «bío» y «orgánico». Dentro de la Unión Europea, los productos con estas tres denominaciones son todos sinónimos y significan que son **productos que no han sido tratados con ningún tipo de pesticida o producto químico que no sea considerado «natural»**.

Cualquiera de estos productos debe cumplir esos requisitos en su producción. La disposición que los regula —reglamento 834/2007 (me pongo técnica)— se aplica a productos vivos o sin procesar, alimentos preparados, piensos para animales, semillas y material de reproducción, plantas salvajes y algas. El cumplimiento de la normativa de Bruselas —que aprueba el reconocimiento de un producto «bío», «eco» u «orgánico»— está garantizado por cada comunidad autónoma a través de sus Consejos o Comités de Agricultura Ecológica territoriales.

Es decir, **si vemos que algún producto proclama ser «eco» o «bío» es porque tienen permiso para decirlo y cumplen con la ley**, de lo contrario, serían multados y quizá hasta eliminados del mercado.

En la práctica, entre los consumidores quizá sí existe alguna diferencia entre esos adjetivos en un nivel más subjetivo, ya que «bío» se entiende más como un producto «natural» que por su calidad de nutrientes, es decir, que es más beneficioso para la salud, mientras que «eco» tiene un carácter más orientado hacia lo medioambiental. Sin embargo, estas son **percepciones del consumidor**, nada más, pues en teoría, y según la Unión Europea, deben ser lo mismo.

A vueltas con el término «natural»

Ahora bien, ¿sabíais que el 60 % de las personas busca la palabra «natural» en los productos que adquieren? Pero que un producto diga «natural» en la etiqueta no habla de cómo se trata a un animal ni cómo se cultiva, por ejemplo. Es decir: **no significa que sus ingredientes sean de calidad.** Muchos incluso vienen con conservantes y sabores artificiales de igual forma, porque esta es una afirmación que no cuenta con ningún tipo de legislación.

Nos hacen creer que el producto es mejor por ser «natural», pero no tiene por qué ser así. En realidad, este término solo puede atribuirse al agua mineral natural envasada (la que se obtiene directamente de manantial), al yogur natural (con fermentos e ingredientes lácteos y sin aromas), a los aromas naturales (aditivos de origen vegetal o animal) y a las conservas al natural. En los demás casos es una exageración, y es porque el fabricante quiso ponerlo así.

No existe una característica oficial ni legal que defina a estos productos. Las marcas utilizan esta palabra como quieren y para lo que quieren. Estamos acostumbrados a que si leemos «natural» sea sinónimo de «saludable», pero no, nada que ver. El arsénico es natural y no es bueno para nosotros. Por tanto, debemos revisar los ingredientes igual y no dejarnos engañar solo por una palabra que sale bonita en la portada con caracteres destacados en mayúscula.

Si, por ejemplo, compramos un dulce que viene con azúcar orgánico de caña extraído por un indígena del Amazonas, con fresas del campo más cercano y colorante natural de remolacha, no deja de ser un dulce con calorías vacías. Esto no nos debe dar la excusa de consumir cantidades industriales de estos productos.

¿Son más saludables? A veces sí, a veces no.

¿Nos harán perder peso y tener más salud? No necesariamente.

Lo orgánico

Lo mismo ocurre con lo «orgánico». A pesar de que sí existen leyes para aprobar estos alimentos, los estudios aún no determinan si los vegetales y frutas orgánicos tienen más beneficios o nutrientes que los no orgánicos. Lo que sí se ha visto es que es mejor comprar lácteos y carnes orgánicas, y dentro de las frutas y verduras se dice que estos alimentos también pueden venir **más frescos** si los preferimos orgánicos: manzana, uva, durazno, fresa, pimentón, apio, tomates cherri, pepino, patata y espinaca.

Si no está dentro vuestras posibilidades adquirir productos orgánicos, no sufráis, no pasa nada. Comprad la mayoría que podáis y, si no, lavad bien todos los productos o blanqueadlos (mediante agua hirviendo o vinagre) y alimentaos bien en general. **Hasta ahora no se ha demostrado que alguien obtenga mejores propiedades nutricionales por consumir productos orgánicos.** Puede que sean más sostenibles para el medioambiente, pero eso ya es otra historia…

Más términos interesantes

Otros términos interesantes que vamos a poder leer son los siguientes:

- **Casero, artesano:** Si leéis esto en una etiqueta, pensaréis que ese producto ha sido elaborado como lo haría cualquiera en su casa, no de una manera «industrial», ¿cierto? Pues basta echar un vistazo a la composición, además de saber un poco de los procesos de elaboración, para ver que no es así: ¿quién usa gelificantes, colorantes o acidulantes para cocinar o fabricar algo en casa? Yo no. ¿Y en casa de quién se preparó eso para asegurar que es casero? Es simplemente un **arma para llamar la atención del consumidor**, no os dejéis manipular por esto.

- **Producto cárnico:** Si figura eso en la etiqueta, lo que estáis comprando no es carne, sino un producto que, además de la carne, puede llevar también especias, agua, conservantes, colorantes, verduras y otros aditivos e ingredientes (como lo que vimos en los fiambres: 45 % de pavo, el resto… no sé qué es).

- **Sabor a…:** La etiqueta de ese yogur, ese postre, ese dulce con «sabor a» lo que está diciendo es que el producto **no tiene nada más que el sabor**: la leche con sabor a vainilla no tiene ni una gota de vainilla y el yogur con sabor a fresa ni siquiera tiene un 1 % de fruta. Mi abuela se sorprendió al saber que el yogur de fresa que le gusta consumir no llevaba ni siquiera 0,1 gramos de fresa de verdad. Es un chiste o, peor, una estafa.

- **Néctar:** Se refiere a un zumo diluido con agua al que se añade azúcar, edulcorantes o aromas para compensar el sabor que pierde al diluirse. Mejor por eso preferir siempre frutas enteras y no tomar básicamente agua con azúcar.

- **100 % carne de...:** En el envase pondrá 100 % carne de pavo, por ejemplo, y al leer la lista de ingredientes resulta que lo que realmente contiene es un 85 % pavo y el resto será agua, sal, especias y aditivos. Es un «truco» que hacen con todas las de la ley: posee un 85 % de pavo, pero toda la carne que contiene (el 100 % de ese 85 %) sí es de pavo, no de otra carne.

Los aditivos

Por último, y no menos importante, los **aditivos**, un tema que en la consulta de nutrición crea muchas dudas.

Según la Organización Mundial de la Salud (OMS), **los aditivos alimentarios son sustancias que se añaden a los alimentos para mantener o mejorar su inocuidad, su frescura, su sabor, su textura o su aspecto.** Algunos de ellos se llevan empleando desde hace siglos para conservar alimentos, como ocurre con la sal (en carnes como el tocino y pescados), el azúcar (en las mermeladas) y el dióxido de azufre (en el vino). Es decir, no tienen por qué representar algo malo en nuestra alimentación, aunque den miedo porque no los entendemos (o porque nos los presentan con nombres extraños).

Con el tiempo se han obtenido una gran variedad de aditivos para satisfacer las necesidades de la producción alimentaria, sobre todo en la producción masiva o a gran escala. Los aditivos son necesarios para preservar ciertos alimentos elaborados y para mantenerlos en buenas condiciones durante su transporte desde las fábricas o cocinas industriales hasta que lleguen a nosotros, los consumidores, pasando por almacenes, comercios, despensas e incluso después de que nosotros los abramos. Traducción: **los necesitamos para poder conservar alimentos por más tiempo.**

Según la OMS, la utilización de aditivos alimentarios **solamente está justificada si responde a una necesidad tecnológica, no induce a error al consumidor y se emplea con una función bien definida, como la de conservar la calidad nutricional de los alimentos.**

Estas sustancias se pueden obtener de plantas, animales o minerales o producirse sintéticamente. Actualmente se utilizan miles de aditivos distintos con funciones específicas que permiten que los alimentos sean más inocuos y tengan un mejor aspecto. La OMS y la FAO (Organización de las Naciones Unidas para la Alimentación y la Agricultura) los dividen en tres grandes categorías basándose en su función:

Aromatizantes: Se añaden a los alimentos para mejorar su sabor o su olor. Son los aditivos más utilizados y existen muchas variedades. Se usan en bollería, refrescos, cereales e incluso yogures. Los aromatizantes naturales pueden ser mezclas de frutos secos, frutas y especias o sustancias derivadas de hortalizas y el vino. Además, hay aromatizantes que imitan sabores naturales.

Preparaciones de enzimas: Pueden no estar presentes en el producto alimenticio final. Las enzimas son proteínas naturales que catalizan (facilitan) ciertas reacciones bioquímicas, descomponiendo moléculas de gran tamaño en elementos más pequeños. Se extraen de productos de origen animal, vegetal o de microorganismos como las bacterias y se utilizan como alternativas a ciertas tecnologías químicas. En realidad, se usan principalmente en pastelería (para mejorar la masa), en la fabricación de zumos de frutas, en la producción de vinos y cervezas (para mejorar la fermentación) y en la fabricación de quesos (para mejorar la formación del cuajo).

Otros aditivos: Hay otros aditivos que se utilizan por diversas razones, ya sea conservar, dar color o edulcorar. Se añaden durante la preparación, el envasado, el transporte o el almacenamiento del alimento y son un ingrediente del producto final:

• **Los conservantes:** Pueden ralentizar el deterioro de los alimentos cuando los abrimos o están en contacto con el aire, moho, bacterias y levaduras. Además de mantener la calidad de los alimentos, ayudan a evitar la contaminación que puede desembocar en enfermedades de origen alimentario.

- **Los colorantes:** Se añaden a los alimentos para restituir el color que se pierde durante su preparación o para mejorar su aspecto.

- **Los edulcorantes:** Se utilizan a menudo como sustitutos del azúcar porque añaden pocas o ninguna caloría a los alimentos o preparaciones (aunque debemos tener cuidado con estos a la hora de comprarlos, como con el ejemplo de la sacarina que os comentaba anteriormente).

Sí, todo está muy bien, pero... ¿existen riesgos para nuestra salud por consumirlos?

La OMS, en cooperación con la FAO, evalúa los riesgos para la salud humana de los aditivos alimentarios mediante un comité. Este comité comprueba la inocuidad de los aditivos alimentarios naturales y sintéticos y da el visto bueno para la utilización de aquellos que no presentan riesgos para los consumidores. Sobre la base de la evaluación, las autoridades sanitarias de los países autorizan el empleo de aditivos en dosis específicas y para alimentos concretos.

Se evalúa cada aditivo alimentario sobre la base de estudios científicos de todos los datos bioquímicos, toxicológicos y de cualquier otra índole, entre ellos los ensayos en animales, estudios teóricos y las observaciones en seres humanos.

El punto de partida para determinar si un aditivo alimentario se puede utilizar sin causar efectos perjudiciales es el establecimiento de la ingesta diaria admisible, que es más o menos **una estimación de la cantidad presente en los alimentos, o en agua potable, que una persona puede ingerir a diario durante toda la vida sin que llegue a representar un riesgo para su salud.**

La FAO y la OMS crearon el **Códex Alimentarius**, un organismo que utiliza las evaluaciones realizadas por el comité que os mencioné anteriormente para poder fijar las dosis máximas de aditivos que se pueden utilizar en los alimentos y las bebidas. Las normas del Códex son la referencia para establecer normas nacionales de protección de los consumidores y también en el comercio internacional, para que así nosotros, los consumidores de todo el mundo, tengamos la seguridad de que los alimentos que ingerimos cumplen con los criterios de inocuidad y calidad.

La Comisión del Códex Alimentarius también establece normas y orientaciones sobre el etiquetado de los alimentos que se aplican en la mayoría de los países. Es decir, estas normas exigen a los fabricantes de alimentos en todo el mundo que indiquen los aditivos contenidos en sus productos. La Unión Europea, por ejemplo, creó un reglamento que regula la inclusión en el etiquetado de los aditivos alimentarios, a los que se asignan los denominados «números E». Las personas que tienen alergias o son sensibles a determinados aditivos alimentarios deben leer atentamente estas etiquetas.

En resumen, si la EFSA, la OMS y la FAO han aprobado el uso de estos aditivos, es probable que (en moderación y hasta que se demuestre lo contrario) no haya problema en consumirlos. Sin embargo, los aditivos que causan preocupaciones toxicológicas mínimas (es decir, que no ocasionan ningún riesgo para la salud, por lo visto hasta ahora) se pueden agregar en casi todos los alimentos procesados.

Los ejemplos incluyen:

- **Carbonato de calcio** (E-170): un compuesto de calcio y carbono que se encuentra en la naturaleza.
- **Ácido láctico** (E-270): otro compuesto natural, que incluso nuestro propio organismo puede producir.
- **Ácido cítrico** (E-330): es un antioxidante que está presente en muchas frutas.
- **Pectinas** (E-440): una fibra o tejido presente en algunas frutas o productos vegetales.
- **Ácidos grasos** (E-570).

Cuando explico qué son realmente, aunque tienen nombres raros, ya no dan tanto miedo, ¿cierto?

Para otros aditivos, el uso es más restringido, por ejemplo:

- **Natamicina** (E-235): puede usarse como conservante para el tratamiento superficial del queso y las salchichas secas.
- **Ácido eritórbico** (E-315): solo puede usarse como antioxidante en ciertos productos cárnicos y pesqueros.

- **Ferrocianuro sódico** (E-535): únicamente puede usarse como agente antiaglomerante en la sal y sus sustitutos.

¿Conclusión? Lo mismo hasta ahora explicado en este libro: consumamos alimentos de verdad la mayor parte del tiempo. Los de toda la vida, que sean de calidad, que no necesiten de una lectura exhaustiva de sus ingredientes para saber qué nos estamos metiendo en la boca de verdad y que, sinceramente, nos nutran en todos los sentidos.

ACTIVIDAD DE CIERRE

- **Buscad alimentos con ingredientes de calidad.** Podemos ir haciendo una lista o recopilación en el *hashtag* #labuena-nutricion para ir revisándolos, comentar dudas y entender realmente el propósito de ciertos aditivos en determinados productos o si los nombres «eco», «bío» u «orgánico» se usan de manera correcta. ¿Están bien usados siempre? ¿Encontramos algunas incoherencias a la hora de comprar estos productos? Denunciemos y, seguramente, seremos escuchados.

ACTIVIDAD PARA LOS FRIKIS

- **No contéis calorías, considerad más los nutrientes.** Puede ser difícil si nos acostumbramos a esto, sobre todo porque muchas dietas, pautas y consejos se presentan en este formato, pero una vez empecemos a hacerlo de manera constante y nos dejemos de preocupar por estas innecesarias reglas de tres, nos relajaremos, **apreciaremos mejor los alimentos por lo que son, por lo que nos aportan, por lo que nos hacen sentir y por la calidad propia del alimento**, sin tener que estar pensando en cómo lo vamos a «quemar» más tarde (ya sabemos que esto no es una ciencia exacta).

Esperaré vuestros comentarios y también me hace mucha ilusión saber que si lográis entender todos estos conceptos, aplicarlos y ver la nutrición de otra forma, mi trabajo estará entonces completo.

Fuentes

Páginas web:

<http://eletiquetadocuentamucho.aecosan.msssi.gob.es/nu-tricional.html>.
<http://www.eatright.org>.
<https://www.ocu.org>.
<http://www.efsa.europa.eu>.
<http://www.who.int/mediacentre/factsheets/food-additi-ves/en/>.
<http://www.consejodietistasnutricionistas.com/que-es-un-dietista-nutricionista/>.
<http://www.who.int/topics/nutrition/es/>.
<http://www.who.int/features/qa/cancer-red-meat/es/>.
<http://www.apa.org/topics/kids-media/food.aspx>.
<http://apps.who.int/iris/bitstream/10665/149782/1/9789241549028_eng.pdf?ua=1>.

Libros y artículos:

Agostoni, C. V., *et al.* «Scientific opinion on dietary reference values for carbohydrates and dietary fibre», *EFSA Journal*, vol. 8, n.º 3, 2010.

Alkaabi, J. M., B. Al-Dabbagh, S. Ahmad, H. F. Saadi, S. Gariballa y M. A. Ghazali. «Glycemic indices of five varieties of dates in healthy and diabetic subjects», *Nutrition Journal*, vol. 10, 2011, p. 59.

Clegg, M. E., y C. Cooper. «Exploring the myth: Does eating celery result in a negative energy balance?», *Proceedings of the Nutrition Society*, vol. 71, n.º OCE3, enero de 2012.

Chai, S. C., S. Hooshmand, R. L. Saadat, M. E. Payton, K. Brummel-Smith y B. H. Arjmandi. «Daily apple versus dried plum: Impact on cardiovascular disease risk factors in postmenopausal women», *Journal of the Academy of Nutrition and Dietetics*, vol. 112, n.º 8, 2012, pp. 1158-1168.

Comisión Europea. *Functional foods*, Bruselas, 2010.

Davidi, A., J. Reynolds, V. Y. Njike, Y. Ma, K. Doughty y D. L. Katz. «The effect of the addition of daily fruit and nut bars to diet on weight, and cardiac risk profile, in overweight adults», *Journal of Human Nutrition and Dietetics*, vol. 24, n.º 6, 2011, pp. 543-551.

De Oliveira, M. C., R. Sichieri y R. Venturim Mozzer. «A low-energy-dense diet adding fruit reduces weight and energy intake in women», *Appetite*, vol. 54, n.º 2, septiembre de 2008, pp. 291-295.

Duncan, K. H., J. A. Bacon y R. L. Weinsier. «The effects of high and low energy density diets on satiety, energy intake, and eating time of obese and nonobese subjects», *The American Journal of Clinical Nutrition*, vol. 37, n.º 5, mayo de 1983, pp. 763-767.

Henry, C. J. K. «How much food does man require? New insights», *Nutrition Bulletin*, vol. 37, n.º 3, septiembre de 2012, pp. 241-246.

Hintze, L. J., S. Mahmoodianfard, C. B. Auguste y E. Doucet. «Weight Loss and Appetite Control in Women», *Current Obesity Reports*, vol. 6, n.º 3, septiembre de 2017, pp. 334-351.

Kalm L. M., y R. D. Semba. «They starved so that others be better fed: remembering Ancel Keys and the Minnesota experiment», *The Journal of Nutrition*, vol. 135, n.º 6, junio de 2005, pp. 1347-1352.

Katayose, Y., M. Tasaki, H. Ogata, Y. Nakata, K. Tokuyama y M. Satoh. «Metabolic rate and fuel utilization during sleep assessed by whole-body indirect calorimetry», *Metabolism*, vol. 58, n.º 7, julio de 2009, pp. 920-926.

Keast, D. R., C. E. O'Neil y J. M. Jones. «Dried fruit consumption is associated with improved diet quality and reduced obesity in US adults: National Health and Nutrition Examination Survey, 1999-2004», *Nutrition Research*, vol. 31, n.º 6, 2011, pp. 460-467.

Ledikwe, J. H., B. J. Rolls, H. Smiciklas-Wright, D. C. Mitchell, J. D. Ard, C. Champagne, N. Karanja, P. H. Lin, V. J. Stevens y L. J. Appel. «Reductions in dietary energy density are associated with weight loss in overweight and obese participants in the PREMIER trial», *The American Journal of Clinical Nutrition*, vol. 85, n.º 5, mayo de 2007, pp. 1212-1221.

Martín Argüelles, Lucía. *Vegetarianos con ciencia*, Córdoba: Arcopress Ediciones, 2016.

Nestlé, Marion. *What to eat*, Nueva York: North Point Press, 2007.

O'Neil, C. E., D. R. Keast, T. A. Nicklas y V. L. Fulgoni III. «Nut consumption is associated with decreased health risk factors for cardiovascular disease and metabolic syndrome in U.S. Adults: NHANES 1999-2004», *Journal of the American College of Nutrition*, vol. 30, n.º 6, 2011, pp. 502-510.

Pérez-Escamilla, R., J. E. Obbagy, J. M. Altman, E. V. Essery, M. M. McGrane, Y. P. Wong, J. M. Spahn y C. L. Williams. «Dietary energy density and body weight in adults and children: a systematic review», *Journal of the Academy of Nutrition and Dietetics*, vol. 112, n.º 5, mayo de 2012, pp. 671-684.

Peterson, J. M., S. Montgomery, E. Haddad, L. Kearney y S. Tonstad. «Effect of consumption of dried California mission figs on lipid concentrations», *Annals of Nutrition and Metabolism*, vol. 58, n.º 3, 2011, pp. 232-238.

Rebello, C. J., A. G. Liu, F. L. Greenway y N. V. Dhurandhar. «Dietary strategies to increase satiety», *Advances in Food and Nutrition Research*, vol. 69, 2013, pp. 105-182.

Rock, W., M. Rosenblat, H. Borochov-Neori, N. Volkova, S. Judeinstein, M. Elias y M. Aviram. «Effects of date (*Phoenix dactylifera L.*, Medjool or Hallawi Variety) consumption by healthy subjects on serum glucose and lipid levels and on serum oxidative status: A pilot study», *Journal of Agricultural and Food Chemistry*, vol. 57, n.º 17, 2009, pp. 8010-8017.

Rolls, B. J. «Dietary strategies for weight management», *73rd Nestlé Nutrition Institute Workshop*, vol. 73, 2012, pp. 37-48.

Rolls, B. J. «Plenary Lecture 1 Dietary strategies for the prevention and treatment of obesity», *Proceedings of the Nutrition Society*, vol. 69, n.º 1, febrero de 2010, pp. 70-79.

Rolls, B. J. «The relationship between dietary energy density and energy intake», *Physiology & Behavior*, vol. 97, n.º 5, 14 de julio de 2009, pp. 609-615.

Rolls, B. J., J. A. Ello-Martin y B. C. Tohill. «What can intervention studies tell us about the relationship between fruit and vegetable consumption and weight management?», *Nutrition Reviews*, vol. 62, n.º 1, enero de 2004, pp. 1-17.

Rolls, B. J., L. S. Roe y J. S. Meengs. «Salad and satiety: energy density and portion size of a first-course salad affect energy intake at lunch», *Journal of the American Dietetic Association*, vol. 104, n.º 10, octubre de 2004, pp. 1570-1576.

Shintani, T. T., C. K. Hughes, S. Beckham y H. K. O'Connor. «Obesity and cardiovascular risk intervention through the ad libitum feeding of traditional Hawaiian diet», *The American Journal of Clinical Nutrition*, vol. 53, n.º 6, junio de 1991, pp. 1.647S-1651S.

Sofer, S., A. Eliraz, S. Kaplan, H. Voet, G. Fink, T. Kima y Z. Madar. «Greater weight loss and hormonal changes after 6 months diet with carbohydrates eaten mostly at dinner», *Obesity*, vol. 19, n.º 10, octubre de 2011, pp. 2006-2014.

Tal, A., y B. Wansink. «Fattening Fasting: Hungry Grocery Shoppers Buy More Calories, Not More Food», *JAMA Internal Medicine*, vol. 173, n.º 12, junio de 2013, pp. 1146-1148.

Vayalil, P. K. «Date fruits (*Phoenix dactylifera Linn*): An emerging medicinal food», *Critical Reviews in Food Science and Nutrition*, vol. 52, n.º 3, 2012, pp. 249-271.

Wang, J., W. Zhang, L. Sun, H. Yu, Q. X. Ni, H. A. Risch y Y. T. Gao. «Dietary energy density is positively associated with risk of pancreatic cancer in urban Shanghai Chinese», *The Journal of Nutrition*, vol. 143, n.º 10, octubre de 2013, pp. 1626-1629.

Su opinión es importante.
Estaremos encantados de recibir sus comentarios en:

www.plataformaeditorial.com/miopinionporunlibro
Introduzca el código **BN15VL18**
y le enviaremos un libro de regalo.

Vaya a su librería de confianza.
Tener un librero de cabecera es tan recomendable
como tener un buen médico de cabecera.

«*I cannot live without books.*»
«No puedo vivir sin libros.»
THOMAS JEFFERSON

Plataforma Editorial planta un árbol
por cada título publicado.